本书获 2021 年贵州省出版传媒事业发展专项资金资助

贵州稀见文书汇编

中国第一所中等师范学堂
贵阳公立师范学堂土地变迁契约文书

林　吟 / 编

图书在版编目（CIP）数据

中国第一所中等师范学堂贵阳公立师范学堂土地变迁契约文书 / 林吟编. -- 贵阳 : 贵州大学出版社, 2021.10
（贵州稀见文书汇编）
ISBN 978-7-5691-0521-6

Ⅰ. ①中… Ⅱ. ①林… Ⅲ. ①贵阳公立师范－地契－研究 Ⅳ. ①G659.287.3 ②F329.73

中国版本图书馆CIP数据核字（2021）第221076号

中国第一所中等师范学堂贵阳公立师范学堂土地变迁契约文书

编　　者：林　吟

出 版 人：闵　军
策 划 人：曹洪刚　葛静萍
责任编辑：高雪蓉
排版设计：方国进

出版发行：贵州大学出版社有限责任公司
　　　　　地址：贵阳市花溪区贵州大学北校区出版大楼
　　　　　邮编：550025　电话：0851-88291180
印　　刷：贵阳精彩数字印刷有限公司
开　　本：787毫米×1092毫米　1/16
印　　张：10.25
字　　数：201千字
版　　次：2021年10月第1版
印　　次：2021年10月第1次印刷

书　　号：ISBN 978-7-5691-0521-6
定　　价：48.00元

前　　言

1993 年，一个非常偶然的机会，贵阳市师范学校的一位教师在垃圾堆的火中“救”下了这所学校开创时期为扩大办学于民国九年（1920 年）购买文化路周边地产的地契。地契共 35 份，来自 11 个家庭。

贵阳市师范学校由李端棻先生所创。李端棻 1833 年生于贵阳王家巷，1862 年中举，1863 年会试中进士，入翰林院任编修。1884 年至 1894 年，先后出任云南、广东、四川、山东等地的学政和乡试主考官，并一度担任全国会试副总裁。1889 年，他以内阁学士身份出任广东乡试主考，结识年仅 18 岁的梁启超，并结识康有为、谭嗣同等志士，开始接触西方思想。除做考官从事教育外，李端棻还历任刑部侍郎、工部侍郎、仓场总督等职。1895 年，《马关条约》签订，引全国义愤。康有为上书请求变法，得举子们纷纷响应。李端棻入翰林院三十载有余，长期从事国家学政事务，并认为变法的根本应是改变旧的教育制度，以改变人的思想。1896 年 6 月 12 日，他向光绪皇帝上《请推广学校折》，疏请在北京设立京师大学堂。光绪准其请，于 1898 年 5 月设立京师大学堂。1912 年，此学堂更名为“北京大学”。1898 年 7 月，光绪任李端棻为礼部尚书，执掌教育等职。不久，变法失败，谭嗣同等戊戌六君子被杀，光绪被囚，康有为、梁启超逃亡日本。当了两个半月礼部尚书的李端棻亦被革职，流放新疆。1901 年，李端棻被赦回原籍贵阳。近 70 高龄，李端棻仍把发展教育、开启民智作为己任，并认为要办好新学必先有师资。光绪二十八年（1902 年），李端棻与贵阳名绅于德楷、李裕增、乐嘉藻等集资，以次南门外南明河边雪涯洞的丁公祠、昭忠祠为校址，创设贵阳公立师范学堂。此学堂即为贵阳市师范学校的发端，至此，贵州有了正式的师范教育。

从 1902 年至 1920 年，这所学校经历过什么已经不得而知，但这组购地契约的出现，说明这所学校在李端棻的影响下逐步发展（李端棻于 1907 年去世）。从这些契约中，我们还可以解读到关于贵阳城市的发展、房地产业发展的一些信息，笔者在 2019 年完成《一卷旧皮纸——一段尘封的老贵阳房地产交易史》，就想努力做做关于这方面的研究。这篇发表在《藏天下》杂志上的文章被贵州日报报刊社记者曹洪刚发现，他力主笔者将这组契约用现代文字“翻译”出来，策划出版成图书，让更多的读者了解并研究。于是，就有了这本小册子的问世。

林　吟

2021 年 4 月 30 日

目　录

凡　例

一、本集契约文书是原贵阳市师范学校档案室保存的档案，共35份。本集将契文的数码照片与录文点校并列，每组按时间先后顺序编排。

二、每组契文和录文以契约签订时间题名，为“历史纪年+公元纪年”。公元纪年为括注，难以换算的历史纪年的月、日不换算，只标明年份。

三、录文一般使用简体字。因数字的特殊性，录文采用契文的数字表达形式，不做更改。

四、契文中的异体字和错别字录文照录，以“()”标出正字。某些人名地名在不同契文中出现，使用的是同音字或近音字，录文时遵从原文，不做辨别。

五、因契文损坏或字迹潦草导致难以辨识，录文一律以“口”表示此处无法辨识。缺字如能根据上下文义或相关文书确认为某字，录文以“[ ]”标明。根据排版需要，添字也用“[ ]”标明。

六、契约文书中多使用“O”“+”符号，为“画押”符号，录文中统一不录。

七、契文中的印章品类说明详见本书附录第一篇文章，录文中不额外附文字说明。

契约文书

师范学校购地各业主揭交契约　计叁拾伍张

封面

第壹号

黄开科契约　计叁张

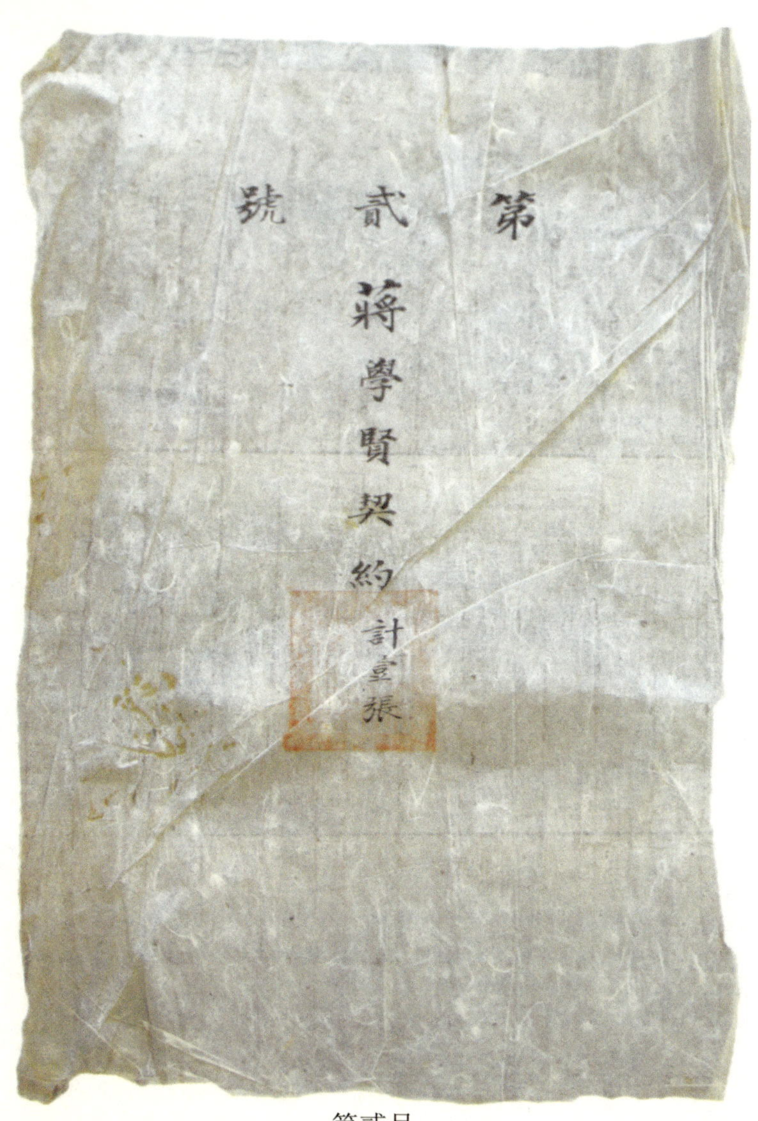

第貳號

蔣學賢契約 計壹張

第贰号

蒋学贤契约　计壹张

第叁号

何瑞廷契约　计叁张

第肆号
罗义顺契约　计壹张

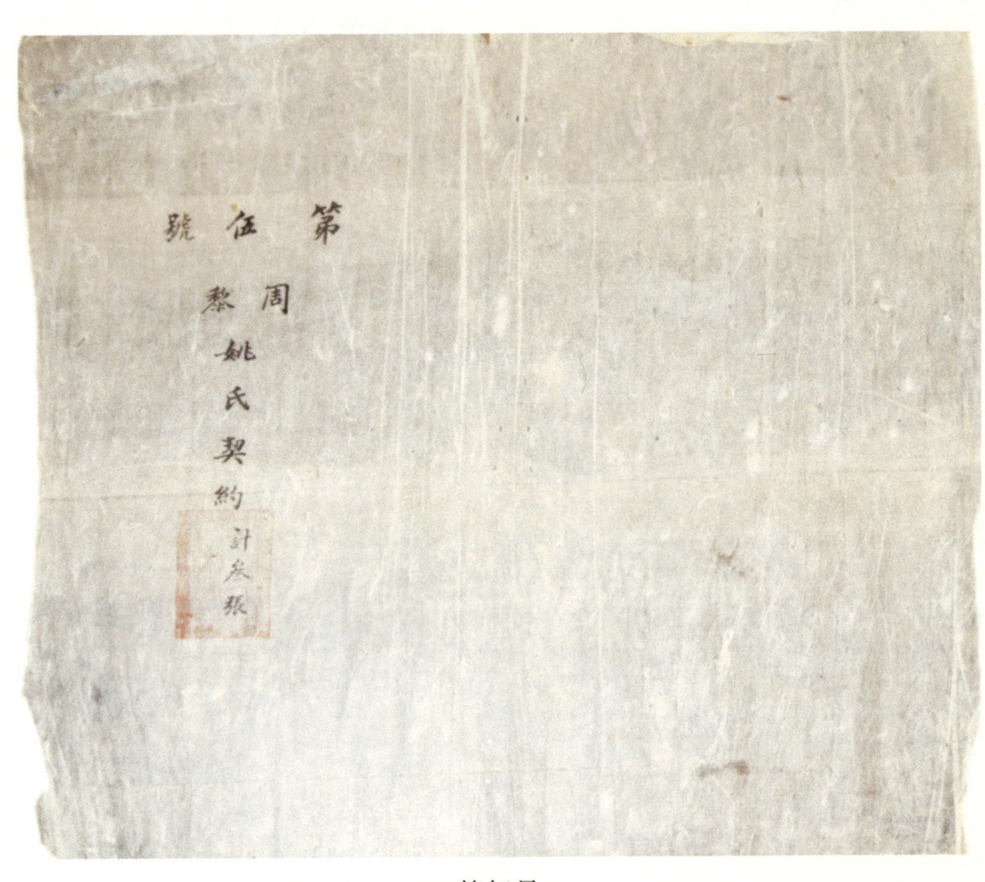
第伍號
周
黎姚氏契約
計叁張

第伍号

周姚氏　黎［姚氏］契约　计叁张

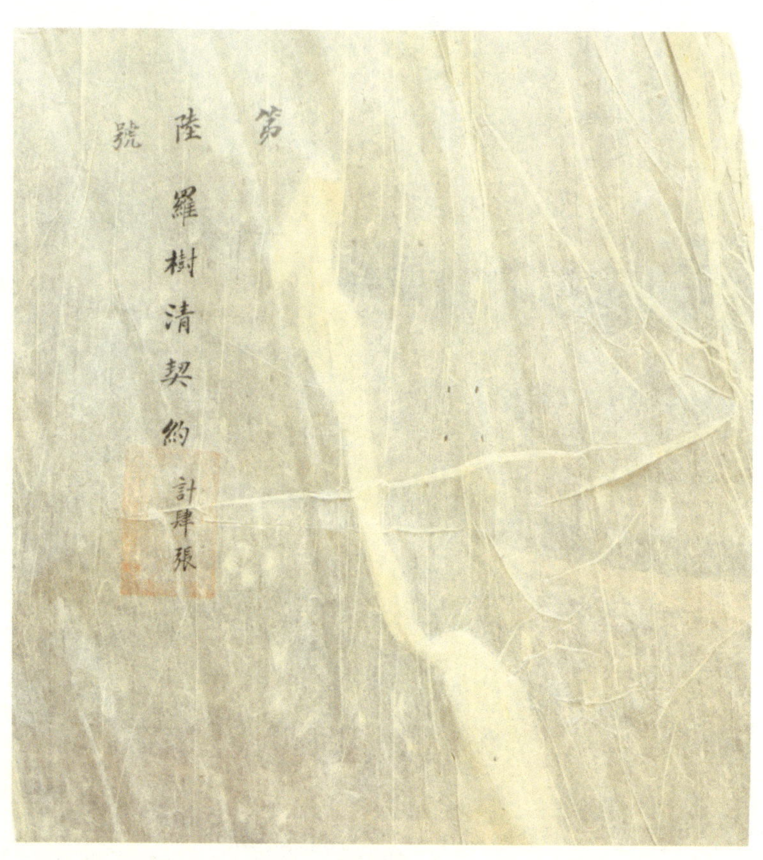
第陸號

羅樹清契約 計肆張

第陆号

罗树清契约　计肆张

第柒號
蘇炳軒契約
計陸張

第柒号

苏炳轩契约　计陆张

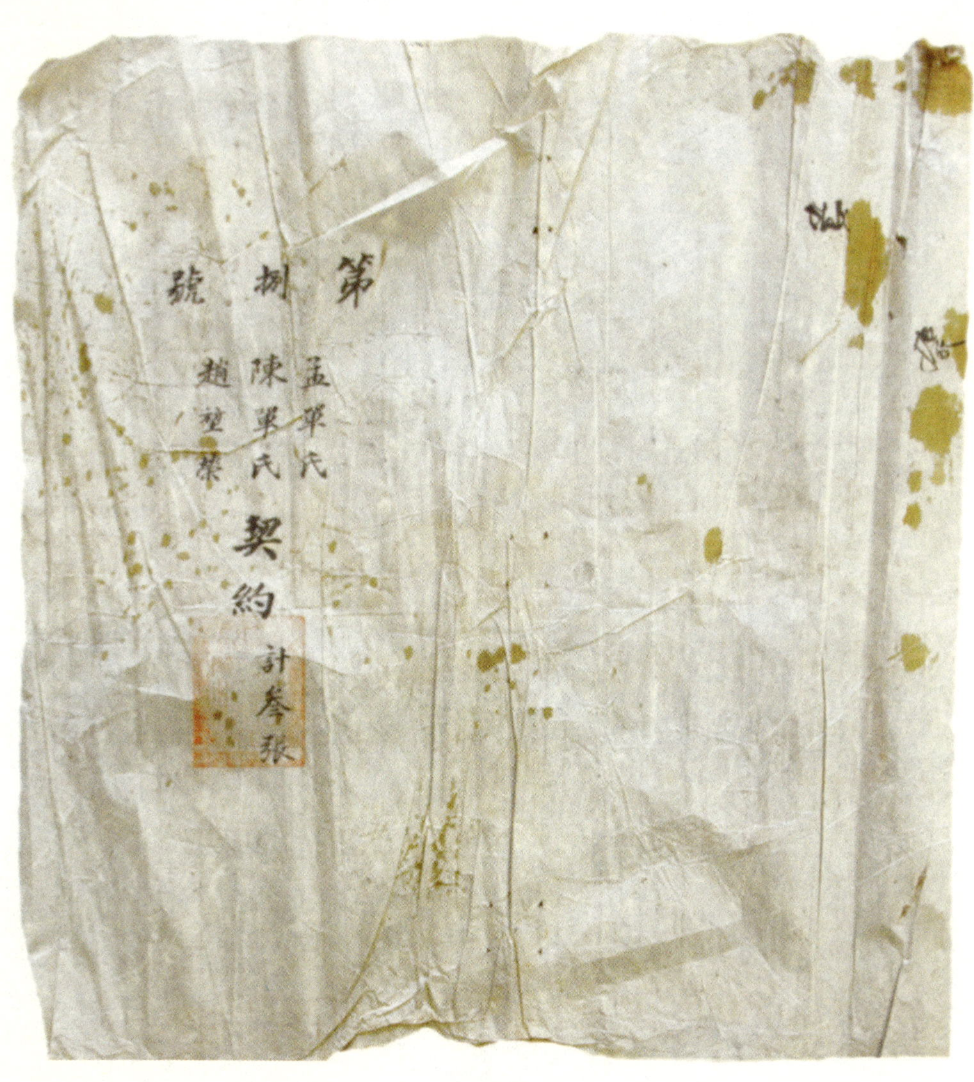

第捌號
孟單氏
陳單氏
趙堃榮
契約
計叁張

第捌号

孟单氏　陈单氏　赵堃荣契约　计叁张

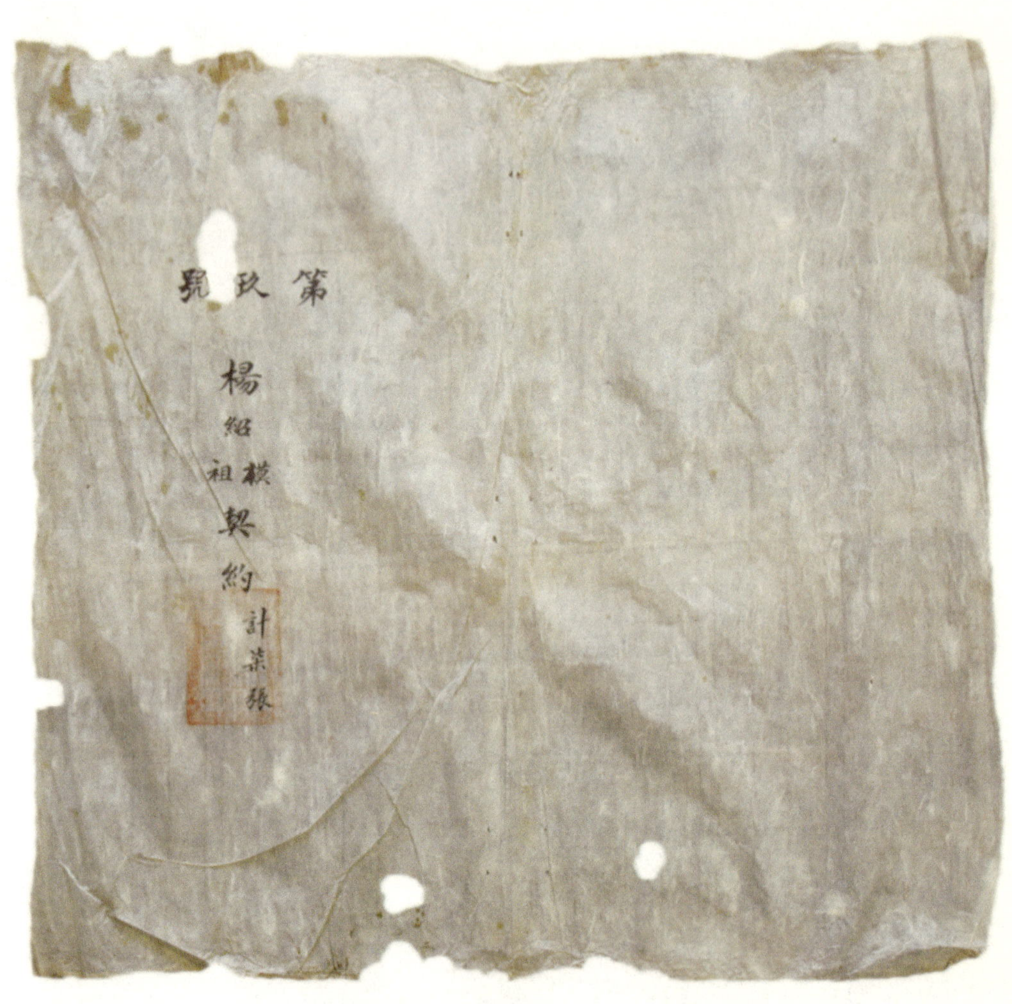

第玖號

楊紹模
紹祖契約

計柒張

第玖号

杨绍模 ［杨绍］祖契约　计柒张

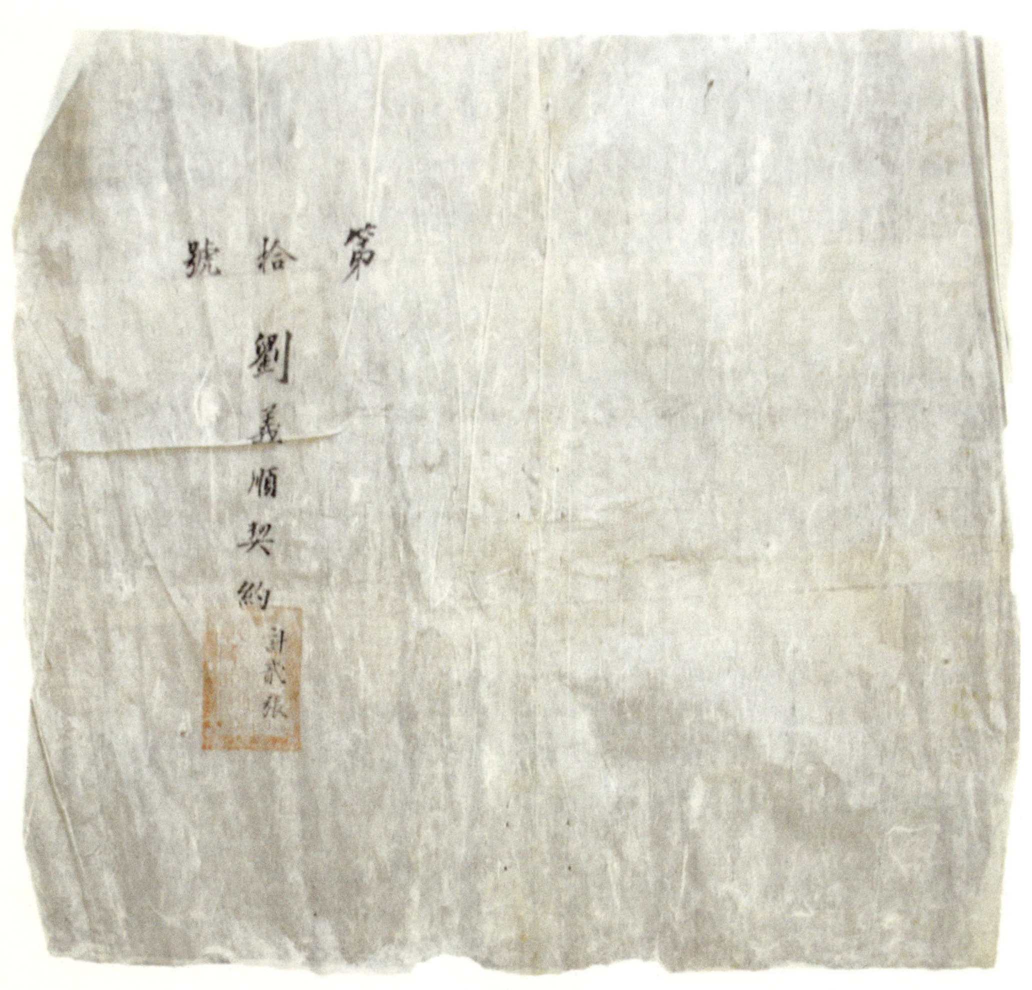
第拾號
劉義順契約
計貳張

第拾号

刘义顺契约　计贰张

第拾壹號

沈惠卿契約

計貳張

第拾壹号

沈惠卿契约　计贰张

中华民国九年一月十七日

封底

（一）乾隆二十年（1755年）六月二十七日契文

立卖地基人莫氏同男王义方，为因父亡过，无处出变，将到地基壹幅、烂草房二间，前底（抵）街，后底（抵）蔡宅土，左底（抵）何谢宅土，右底（抵）王宅土，四置（至）分明。凭中出卖与马文焕名下，当日得受卖价纹银拾陆两整，母子亲手收明，并无少欠分厘。自卖之后，认（任）凭马处修里（理）居坐（住），王处不得亲族人等前来异言，倘有异言，系是卖主莫氏一面承耽（担），不以（与）买主相干，永无找捕（补）。今恐无凭，立约为据。

地亩三丈赴县上纳，酒水尽（画）字在外。

乾隆贰拾年六月廿七日　立卖地基人莫氏　同男王义方

永远管业

陈以清
何文祖
蔡成美
李云奉　权地价银二两以为价明莫足
谢天爵
朱连魁
王成林
朱连玉
凭中人　彭灿然
夏子章
卢伟章
谢天祥
辜云龙
李门曾氏
李连魁
龙朝祖

代笔人　刘相臣

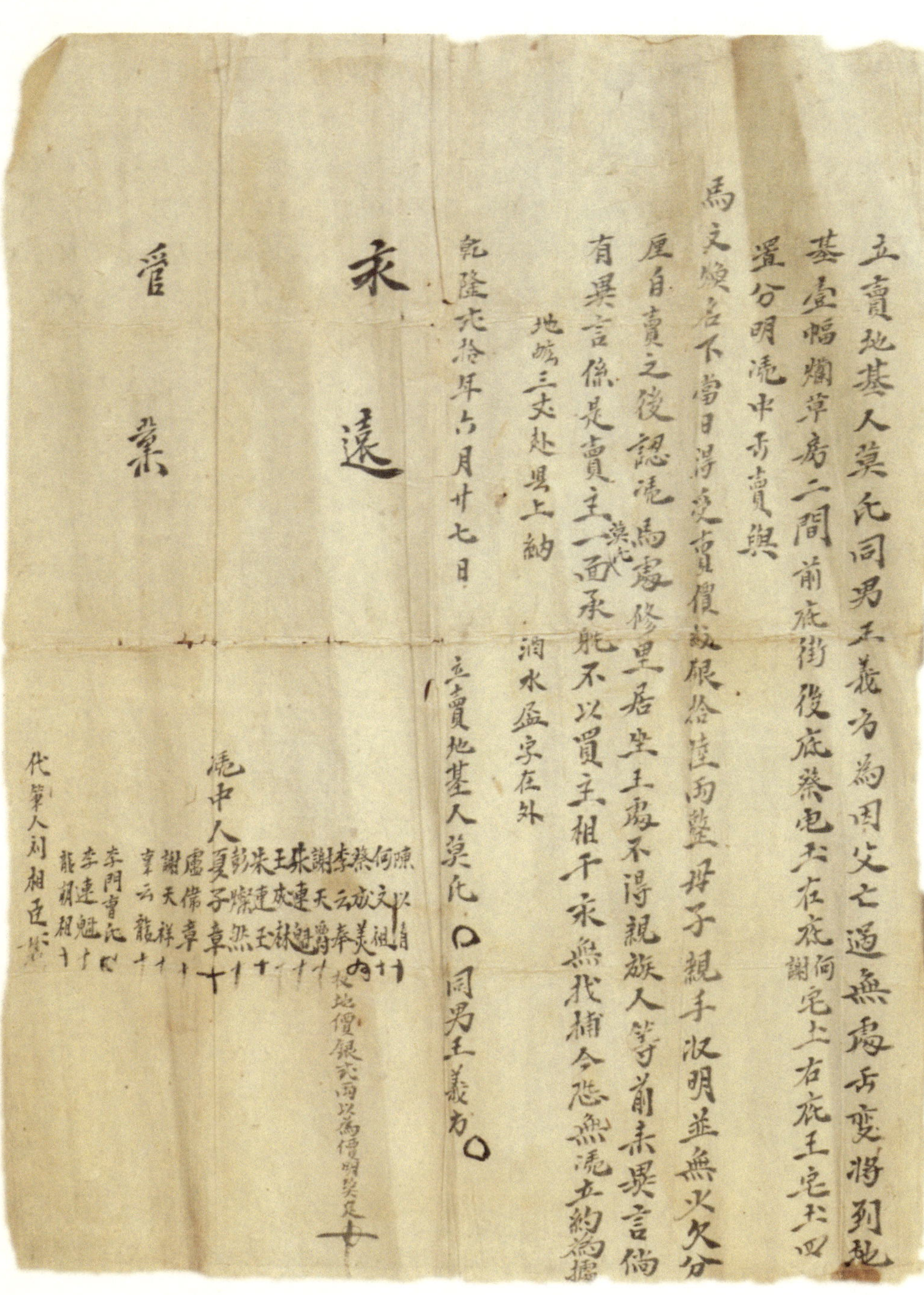

立賣地基人莫氏同男玉義方為因父亡過無處出變將到地基壹幅爛草房二間前底街後底蔡宅左底謝何宅上右底王宅上四置分明憑中出賣與

馬文煥名下當日得受賣價紋銀拾陸兩整母子親手收明並無少欠分厘自賣之後認憑馬處修里居坐王處不得親族人等前来異言倘有異言係是賣主莫氏一面承耽不以買主相干永無找補今恐無憑立約為據

地脚三丈赴縣上納

滴水盈字在外

乾隆拾年六月廿七日　立賣地基人莫氏〇同男玉義方〇

其地價銀弍兩以為價明契足

憑中人　陳以昌　何文祖　蔡成美　李云奉　謝天爵　朱連魁　王成林　朱連玉　彭燦然　夏子章　盧偉章　謝天祥　章云龍　李門曹氏　李連魁　龍朝相

代筆人劉相臣

永遠

管業

（二）道光二十五年（1845年）七月十七日契文

立卖草房并地基人马谢氏仝（同）男马苟，今将祖置草房贰间，后空地基壹丈壹尺，坐落地名次南门外排栅门，前抵大街，后抵卖主地界，至椂柱石磉壹丈壹尺为界，左至古巷道，右抵马宅界，四至分明，寸木片石一并在内，请凭中证上门出卖与马呈祥名下管业。即日得授卖价九[①]色银贰拾柒两整，贵平兑马姓母子亲手收明，并无少欠分厘，亦无私债货物准拆（折）。此房尽问前当二主亲邻人等，请凭中证四面卖明与马呈祥。自买之后，认（任）从管业，卖主亲族人等不得异言，如有此情嫳（弊），卖主母子一力承耽（担），不与买主相干。今恐无凭，立卖契存处（储）。

内有地亩壹丈伍尺，尽（画）字在内，酒水在外。内涂改一字

老契一张，马姓执掌。

永远管业

杨文苾
朱发科
胡　金
李　洪
严　炳
刘嘉祥
熊起渭
陈　锡
凭中街邻　丹桂林　公押
颜起发
丁世发
马允长
张朝经
马承模
吴士荣
陈　钰
陈天清
代笔　陈天祥

道光二十五年七月十七日立卖契　马谢氏　仝（同）男苟妹

---

① 此处为“尣”，文书中也有为“尯”“尯”等，均为九色银的俗写，整理时统一录为“九”，后不再注。

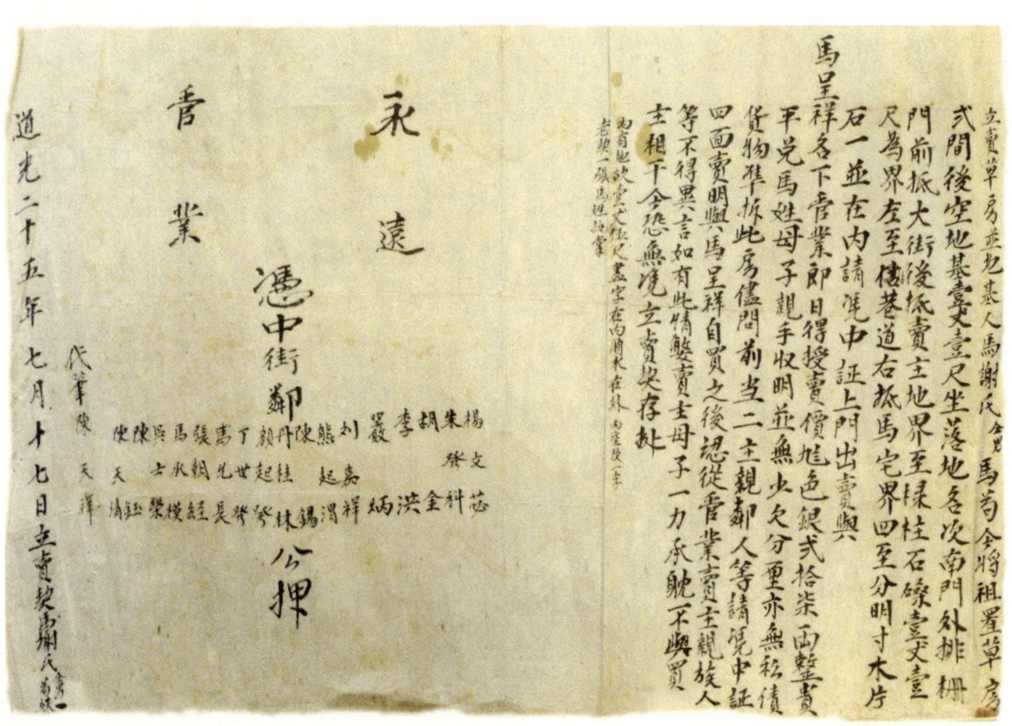

立賣草房並地基人馬謝氏仝男馬蜀仝將祖置草房
式間後空地基壹丈壹尺坐落地名次南門外排柵
門前抵大街後抵賣主地界至碌柱石緣壹丈壹
尺為界左至德巷道右抵馬宅界四至分明寸木片
石一並在內請憑中証上門出賣與
馬呈祥名下管業即日得授賣價足色銀式拾柒兩整當
平兌馬姓母子親手收明並無少欠分厘亦無私債
貨物準折此房儘問前出二主親鄰人等請憑中証
四面賣明與馬呈祥自買之後認從管業賣主親族人
等不得異言如有此情盤賣主母子一力承擔不與買
主相干今恐無憑立賣契存照

內有地名壹丈伍尺盡字在內周木在外 內塗改一字
老契一張馬姓收掌

永遠

管業

憑中街鄰

楊文蕊 朱發科 胡金 李洪 嚴炳 劉嘉祥 熊起渭 陳錫 丹林 顏桂癸 丁起癸 萬世長 張先經 馬絹樸 吳永榮 陳士鈺 陳天清

公押

代筆陳天祥

道光二十五年七月十七日立賣契馬謝氏仝男馬蜀

（三）道光二十五年（1845年）十月十二日契文

立卖草房并地基人马谢氏同男马苟，今因需用，将到祖置草房贰间并后头地基壹丈壹尺，坐落地名排栅门街，前抵街，后抵卖主地界，至椂柱石磉壹丈壹尺为界，左抵古巷道，右抵马宅界，四至分明，寸木片石一并在内，请凭中证上门，出卖与杨文苾名下为业，三面议定，时值价九八色银贰拾柒两整，贵平兑即日马姓母子亲手收明使用，并未少欠分厘，亦无私债货物准折。自卖之后，任随杨姓安佃、住坐、修理，马姓亲族及异姓人等不得前来异言，如有异言，系是马苟母子一力承当，不与买主相干。恐口无凭，立卖契永远为据。

内有老契牵连未揭。此房有地亩壹丈伍尺。画字在内，酒水在外。

道光二十五年十月十二日立卖契　马谢氏　马苟

永远管业

凭中	丹桂林大公 丁世发大公 陈　锡大公 陈钰满公 李　鸿二公 刘源生大公 张朝经五公 马万顺二公	仝（同）押
代笔	越凤枝□	

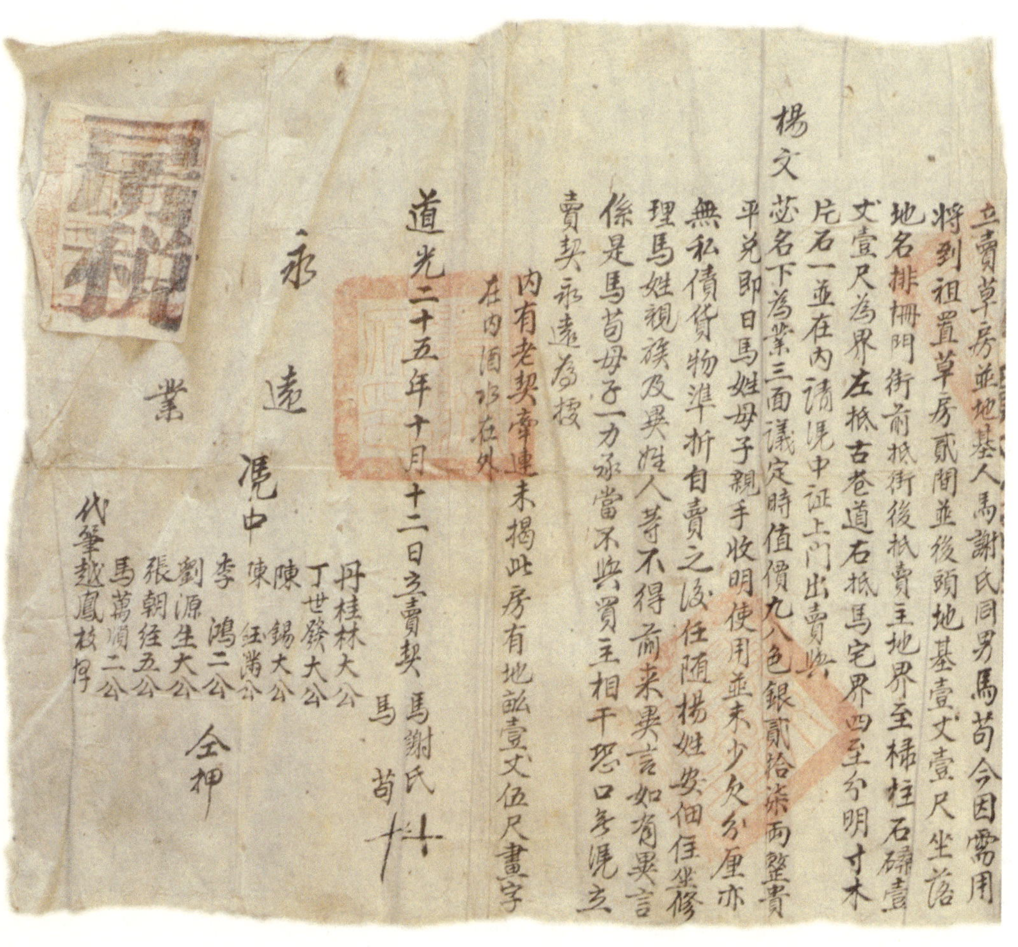
立賣草房並地基人馬謝氏同男馬苟今因需用
將到祖置草房貳間並後頭地基壹丈壹尺坐落
地名排栅門街前抵街後抵賣主地界至椓柱石碌壹
丈壹尺為界左抵古巷道右抵馬宅界四至分明寸木
片石一並在內請凭中証上门出賣與
楊文
苾名下為業三面議定時值價九八色銀貳拾柒兩整貴
平兑即日馬姓母子親手收明使用並未少欠分厘亦
無私債貨物準折自賣之後任隨楊姓安佃住坐修
理馬姓親族及異姓人等不得前来異言如有異言
係是馬苟母子一力承當不與買主相干恐口無凭立
賣契永遠為據
内有老契牽連未揭此房有地畝壹丈伍尺畫字
在内酒水在外
道光二十五年十月十二日立賣契 馬謝氏 十
馬苟 十
凭中 丹桂林大公
丁世發大公
陳錫大公
陳钰嵩公
李鸿二公
劉源生大公
張朝经五公
馬萬順二公
仝押
代筆趙鳳枝押
永遠
業
税

断卖契

贵州财政司　为颁发印契，以资信守。照得民国成立，各府州县印信已经更换。民间所有业契与民国印不符，难资信守。今奉都督命令，特制三联契纸，无论业户原契已税未税，俱应一律请领。前清已税买契，产价每拾两纳税银贰角，未税者纳税银伍角，前清已税当契，产价每拾两纳税银壹角，未税者纳税银贰角。从开办之日起，限五个月内，仰各业户从速挂号投税。逾限不投税者，原契作为废纸。其各懔遵毋违，切切！后余空白处摘录业户原契。至该业户原契，仍粘附于后，加盖骑缝印信合并。饬遵。

立卖草房契人马谢氏，今将祖置之业卖与杨文苾为业，价银贰拾柒两正（整）。余详原契粘附。

凭中李鸿等

中华民国二年五月三号给

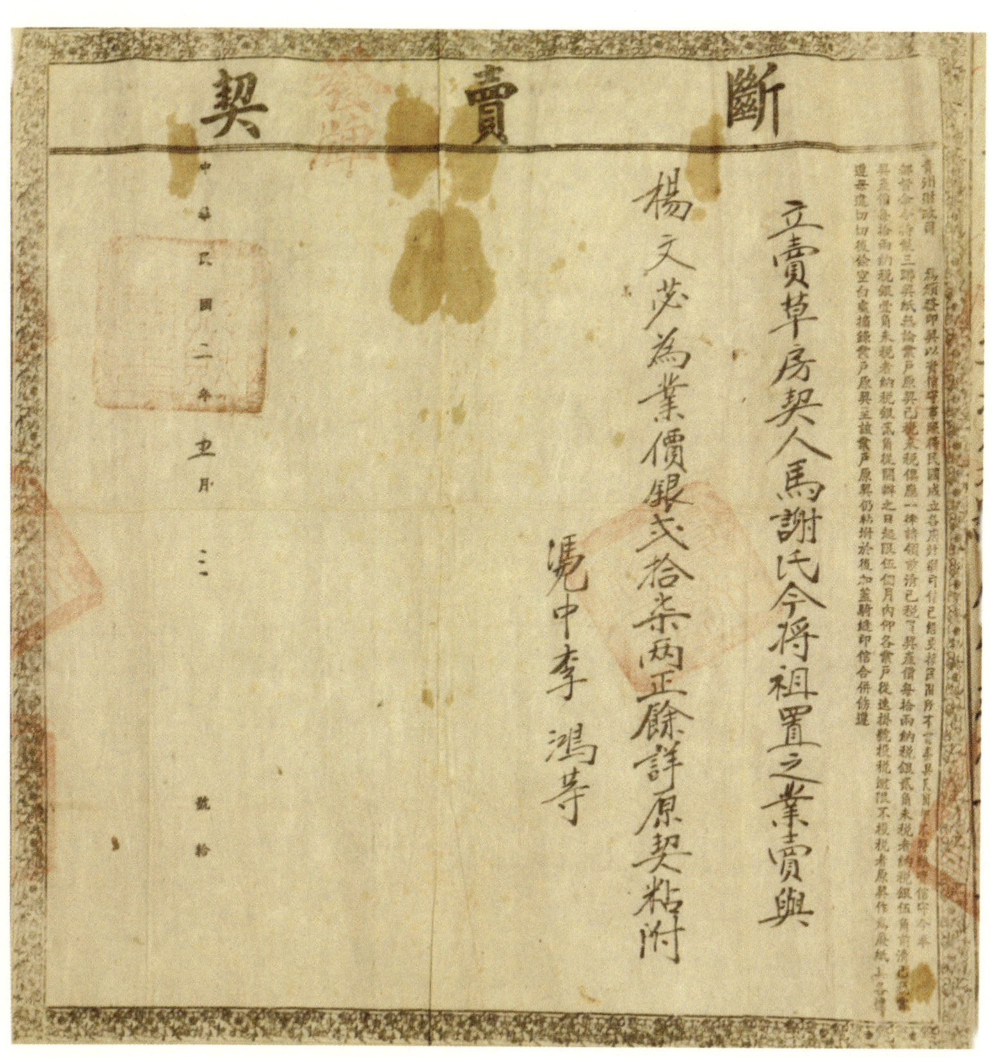

斷賣契

貴州財政司　為頒發印契以昭信守事照得民國成立各府州縣所有[illegible]民間[illegible]信守今本
部頒發契紙三聯契紙共給業戶原契已稅未稅俱應一律請領官契已稅下契產價每拾兩納稅銀貳角未稅者納稅銀伍角[illegible]
契產價每拾兩納稅銀壹角未稅者納稅銀貳角從開辦之日起限伍個月內仰各業戶從速換契投稅逾限不投稅者原契作為廢紙[illegible]
違毋違切切此給空白處摘錄業戶原契並該業戶原契仍粘附於後加蓋騎縫印信合併飭遵

立賣草房契人馬謝氏今將祖置之業賣與
楊文彩為業價銀貳拾柒兩正餘詳原契粘附
憑中李鴻寿

中華民國二年五月三號給

（四）咸丰十年（1860年）十二月十一日契文

立卖地基文约人马友德，今因无钱使用，将到祖置地基壹幅，坐落地名排栅门，前抵杨姓界，后抵马姓界，左抵马姓路，右抵马姓界，周危（围）石脚一并在内，请凭中证出卖与杨四公名下为业。当日得受卖价大钱肆千文整，亲手收明使用，并无少欠钱文。至（自）卖之后，任凭杨姓修造，马姓亲族人等不得前来异［言］，若有异言，系马姓一力承耽（担），不以（与）杨姓相干。今恐无凭，特立此卖约为据。

所有每年地谍（亩）五尺，系杨姓上纳，不以（与）马姓相干。为据。内有一字涂改。

永远管业

陈大公锡

丹大公桂林

凭中　杨三公天明　公押

李二公应开

马二爷登贵

代笔人　陈光荣

咸丰拾年十二月十一日　立卖约人马友德　亲立

立卖约人[①]

① 原契文为“倒文”。

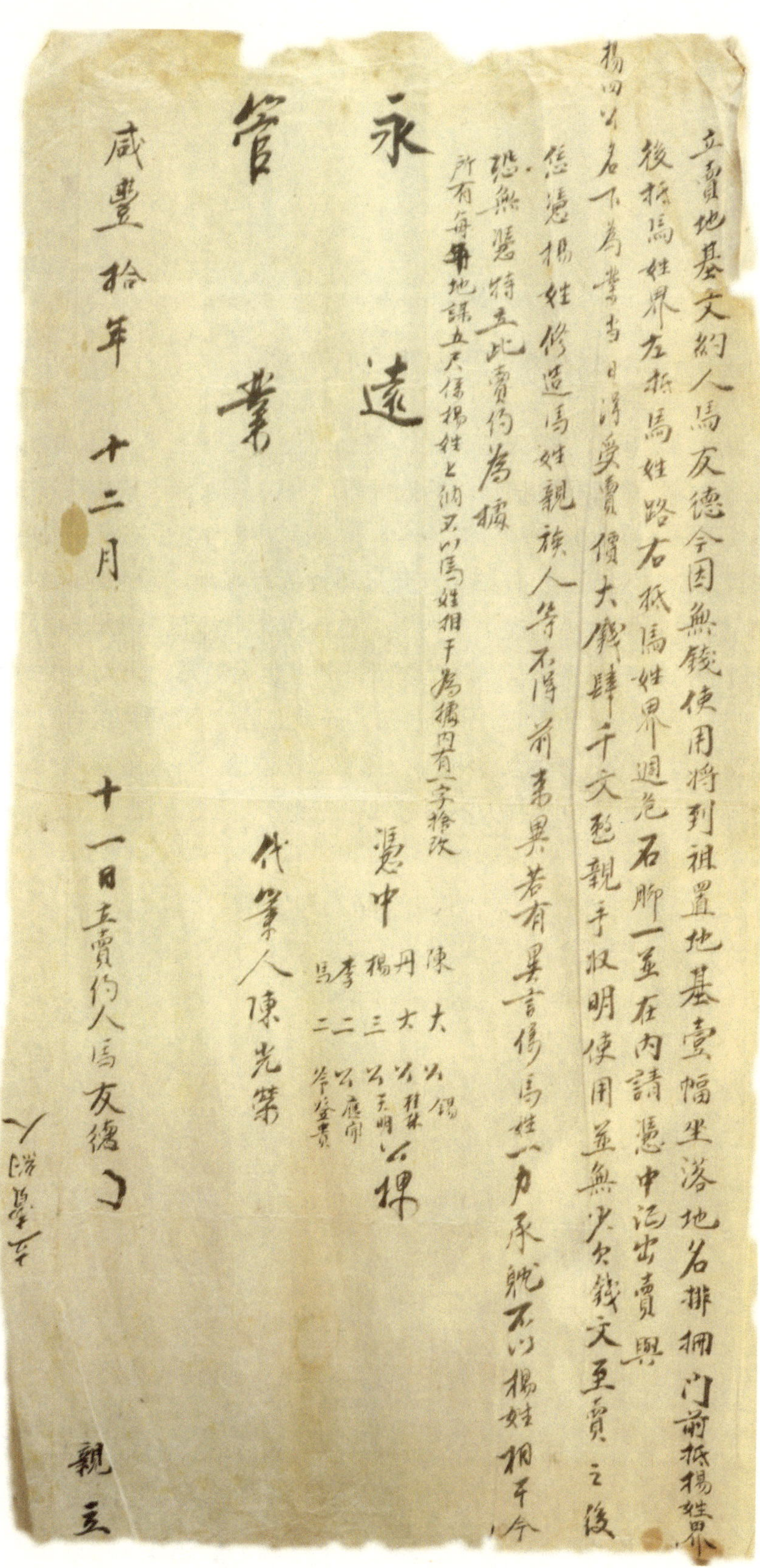
立賣地基文約人馮友德今因無錢使用將到祖置地基壹幅坐落地名排捆门前抵楊姓界後抵馮姓界左抵馮姓路右抵馮姓界週邊石脚一並在内請憑中說出賣與楊田公名下為業當日得受賣價大錢肆千文整親手收明使用並無少欠錢文至賣之後任憑楊姓修造馮姓親族人等不得前來異言若有異言係馮姓一力承耽不以楊姓相干今恐無憑特立此賣約為據

所有每畨地課五尺係楊姓上納只以馮姓相干為據内有一字搽改

永遠管業

憑中 陳大公錫 丹大公桂林 楊三公天明 公棵 李二公應甲 馬二爷登貴

代筆人陳光榮

咸豐拾年十二月十一日立賣約人馮友德

親立

（五） 同治元年（1862年）十月十二日契文

立卖约人马吴氏，今因夫故乏用，将到祖遗滥（烂）草房壹间、园土壹幅，坐落地名排栅门，前抵杨姓石脚，后抵雪涯洞土，左抵刘丹二姓界，右抵马姓墙脚，当街巷道一条，前抵街，后抵接连本界，后左抵沟，后右抵杨姓界。其老房照住之巷道，宽有叁尺，长有二丈，异日杨姓拆房修理，照原退还。四至分明，请凭中证上门，出卖与马登瀛名下为业。三面议定，即日得受卖价纹银叁两整，本人亲手收明，并无少欠分厘。自卖之后，其有房屋地基园土以及寸木片石，任凭马姓管业。马吴氏亲族与（以）即（及）异姓人等，不得异言争论，如有此情，马吴氏一人承耽（担），不与买主相干。此系二比情愿，并非逼迫成交，亦无私债货物准折，价足契明，日后有力不得赎取，无力不得加补。恐口无凭，立卖契一纸为据。

其有左沟一条，上满下流，不得赌（堵）塞巷道马杨二姓出入。

其房地亩壹丈五尺

老契一纸揭交　内添二字

陈　锡　李绍培

凭中人　丹秀三　黄春阳　仝（同）押

王炳南　杨文兰

代笔　吴恒盛

同治元年十月十二日　马吴氏　立

立賣約人馬吳氏今因乏用將到祖遺灑草巷東門圍土壹幅坐落地

名排柵門前抵楊姓石脚後抵雷滙洞土右抵劉丹二姓界右抵馬姓牆脚內街巷道一條

前抵街後抵接連本界後右抵溝後右抵楊姓界其老房照佳之巷道寬有叁尺長有貳丈

其日楊姓折房修理照原退出四至分明請憑中証上門出賣與

馬

登瀛名下為業三面議定即日得受賣價紋銀叁兩整本人親手收明並無少欠分厘

自賣之後其有房屋地基圍土以及寸木片石任憑馬姓管業馬吳氏親族與即異姓人

等不得異言爭論如有此情馬吳氏一力承耽不與買主相干此係二比情愿並非逼迫成交

亦無私債貨物準折價足契明日後有力不得贖取無力不得加補恐口無憑立一賣契

一紙為據

其有老溝一條上滿下流不得堵塞巷道馬楊二姓出入

其房地畝壹丈五尺

老契一紙揭交

內添二字

憑中人 陳丹青 王炳南 楊三畴 黃春陽 李沼培 楊文蘭 仝押

代筆吳恒盛

同治元年十月十二日 馬吳氏 ○ 立

（六）同治四年（1865年）正月二十日契文

立卖约人马登瀛，今因乏用，将到自置园土壹幅，坐落地名排栅门，前抵杨姓石脚，后抵雪涯洞土，左抵刘丹二姓界，右抵家二兄界，当街巷道壹条，前抵街，后连本界，左抵沟，右抵杨姓界，四至分明，请凭中人上门，出卖与杨文兰名下为业。三面议定，即日得受卖价九色银柒两正（整）。自卖之后，其中寸木片石认（任）凭杨姓管业，马姓亲族内外人等，不得前来异言，如有此情，马姓一力承耽（担），不与买主相干。此系二比情愿，并非逼迫成交，亦无私债货物准折，日后有力不得赎取，无力不得加补。恐口无凭，立约为据。

内有老沟一条，日后不得赌（堵）塞。

地亩壹丈

老契贰纸并揭

添壹字

酒水在外，化（画）字在内

百世其昌

黄春阳　李绍培

凭中　丹秀三　马登贵　公押

王炳南　黄朝兴

代笔　马润之

同治四年正月二十日　立押

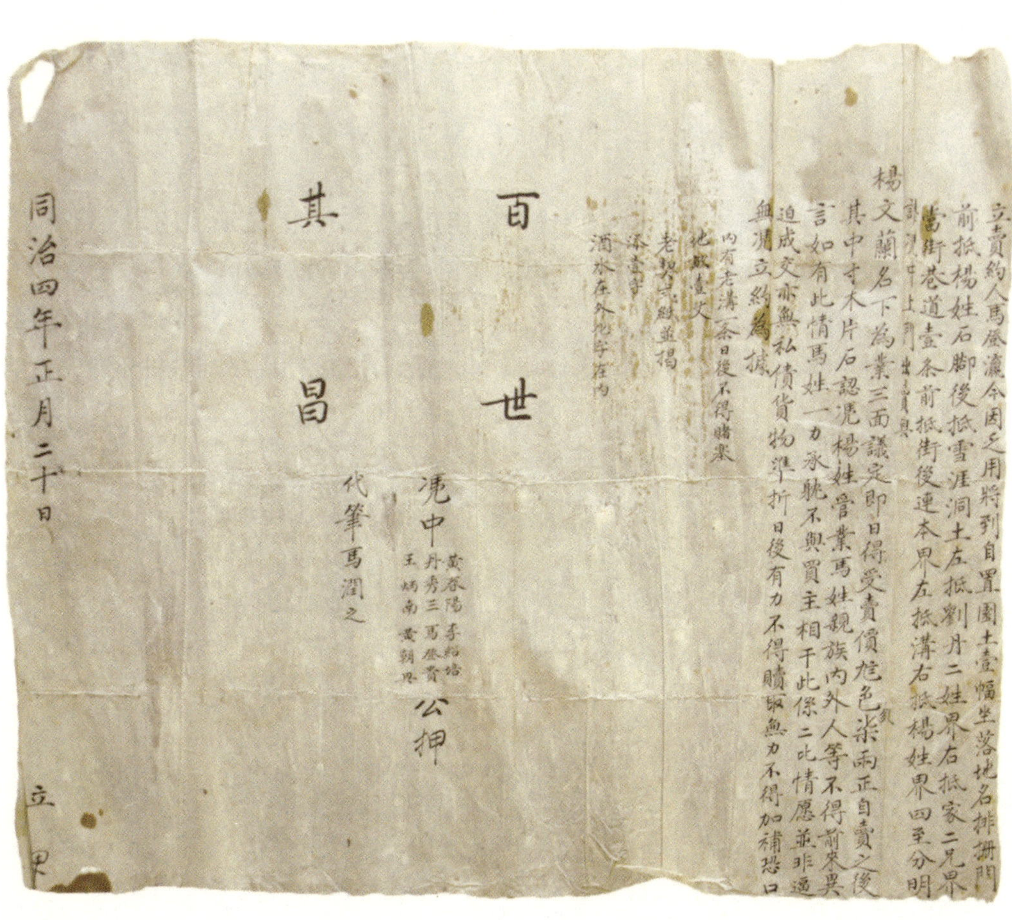

立賣約人馬登瀛今因乏用將到自置園土壹幅坐落地名排栅門
前抵楊姓石脚後抵雪涯洞土左抵劉丹二姓界右抵家二兄界
當街巷道壹条前抵街後連本界左抵溝右抵楊姓界四至分明
請憑中上門出賣與
楊文蘭名下為業三面議定即日得受賣價足色柒兩正自賣之後
其中寸木片石認憑楊姓管業馬姓親族內外人等不得前來異
言如有此情馬姓一力承耽不與買主相干此係二比情愿並非逼
迫成交亦無私債貨物準折日後有力不得贖取無力不得加補恐口
無憑立約為據

內有老溝一条日後不得賭塞
地錢壹文
老契壹紙並揭
添壹字
酒水在外畫字在內

百世其昌

憑中 黃發陽 李裕培 丹秀三 馬登貴 王炳南 黃朝界 公押

代筆馬潤之

同治四年正月二十日 立

（七）同治五年（1866年）三月［二］十五日契文[①]

立转当约人王沈氏仝（同）男建国、建明母子三人为因无银使用，将到当尹姓草房贰间、园子壹幅，坐落地名排山门，前抵街，后抵蔡姓老坎，右抵董界，左抵李界，四至分明，请凭中上门，转当与桃（姚）宗孔名下为业。三面议定，当价银柒两正（整），母子亲手收明使用。自当之后，任凭桃（姚）姓安佃居住，王姓不得前来异言。日后银到房回，两无指（措）勒。此系二比情原（愿），并非逼迫成交。恐口无凭，立转当为据。

其房出整价银三两，日后尹姓赎取出整价银三两，准三年后赎取。

凭中　王云化
　　　冷明宗
代笔　陈义峰
同治五年三月［二］十五日

① 后附“认当契”“抵借契”各一份。

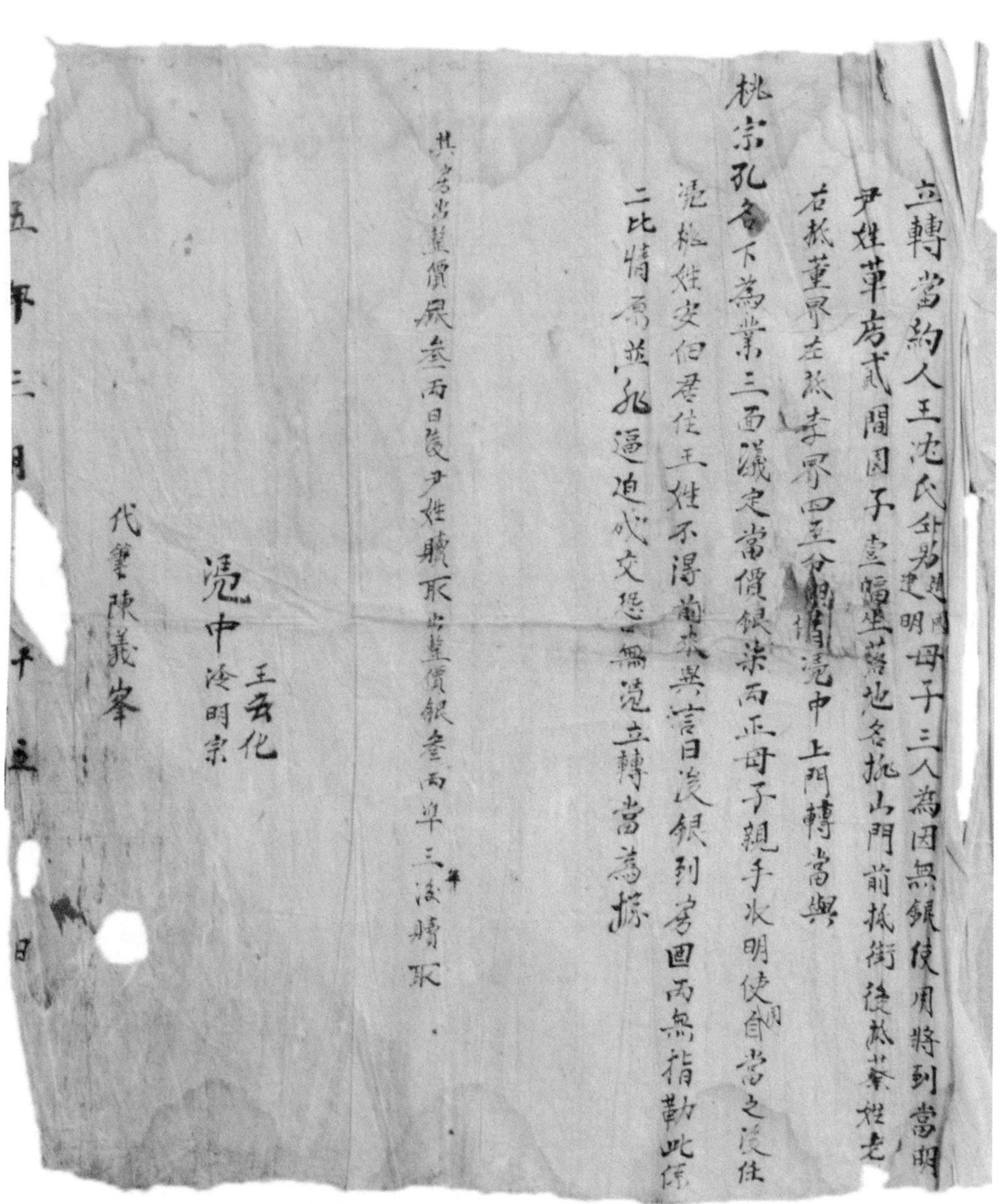

立轉當約人王沈氏仝男建明建國母子三人爲因無銀使用將到當明
尹姓草房貳間園子壹塊坐落地名枇山門前抵街後抵茶姓老
右抵董界左抵李界四至分明請憑中上門轉當與
桃宗孔名下爲業三面議定當價銀柒兩正母子親手收明使用當之後任
憑桃姓安佃居住王姓不得前來異言日後銀到房回兩無指勒此係
二比情願並非逼迫今恐無憑立轉當爲據

其房出當價銀叁兩日後尹姓贖取出當價銀叁兩準三年後贖取

憑中 王安化 凌明宗

代筆 陳義峯

五年三月十五日

（附）光绪元年（1875 年）三月二十三日认当契

立认当契约人尹善祥，情因同治九年，将到排山门草房两间半园子壹幅，前抵街，后抵蔡姓土坎，右抵董界，左抵李界，四至分明，出当与王沈氏名下，曾收其当价九色银玖两柒钱，及今年限已满，予尚不能赎，王姓又欲转当需用，特此向予商议：伊（一）但（旦）收回，原当价值由予出名认当与姚宗孔名下为业，所当价值仍为九色银玖两柒钱，即日转交王姓收清，过此不与相涉。惟其房朽滥（烂）倒塌，不堪居住，旋议认当后，由姚姓折去新修。凭众估计修价九［色］银贰拾肆两，尹与姚各认一半，待四年限满，加入当价内赎取。彼时姚姓不能掯勒，并不得动一草一木。事经二比情愿，恐口无凭，立认当契约为据。

总计认赎地盘园子银玖两柒钱，另修新房银壹拾贰两，共贰拾壹两柒钱正（整）。

尹姓老契未揭，王姓当契已凭众销毁。

再批：若此房经十年后不赎，所有整价应照省城当房之例。

王幺公

凭中人　李二公　仝（同）押

冷二公

代笔　唐葆初

光绪元年三月二十三日　认当人尹善祥　亲立

立添當契約人尹善祥情因同治九年[illegible]將[illegible]桃山後壟房

兩間半並子壹[illegible]

李界四至分明出當與王沈氏名下曾收其當價紋銀玖兩柒

錢及今年限已滿子尚不能贖王姓又欲轉當需用特此向

子商議但但收回原當價值由子出名添當與

姚宗孔名下本業所當價值紋銀玖兩柒錢即日轉交王

姓收清過此不與相涉惟其房朽濫倒塌不堪居住旋議

添當後由姚姓拆去新修憑衆估計修價紋銀弍拾肆兩

尹與姚各認一半待四年限滿加入當價內贖取彼時姚姓

不能措勒并不得動一草一木事經二比情願恐口無憑

立添當契約為據

總計添贖地鹽園子銀玖兩柒錢 共貳拾壹兩柒錢正

另修新房銀壹拾貳兩

尹姓老契未偹王姓當契已憑衆銷毀

再批若此房經[illegible]年後不贖所有整價應照省城當

房之例

憑中人 王公公 冷二公

李二公 代筆唐蓀初 仝押

添當人尹善祥 〇 親立

光緒元年三月二十三日

（附）光绪五年（1879 年）二月十六日抵借契文

立抵借约人尹善祥，现因家有要事，急需使用，凭中上门，借到姚宗孔名下九八色银贰拾两，议定每月每两行息壹分，照算，不拘远近相还。倘日后本利不清，任姚姓扣留尹姓排山门认当姚姓之房业作抵，不清不取。为此，凭中立抵借约存据。

中人　冷二公　李长发

　　　李二公

代笔　张本初

光绪五年二月十六日　抵借人尹善祥　亲立

立抵借約人尹善祥現因家有要事急需使用憑

中上門借到

姚宗孔名下九八色銀貳拾兩議定每月每兩行息叁

分照算不拘遠近相還倘日後本利不清任姚姓

扣留尹姓排山門認當姚姓之房業作抵不清不

敢為此憑中立抵借約存據

中人 冷二公 李長發

代筆 張本初

光緒五年二月十六日 抵借人尹善祥 親立

典　契

贵州财政司　为颁发印契，以资信守。照得民国成立，各府州县印信已经更换。民间所有业契与民国印不符，难资信守。今奉都督命令，特制三联契纸，无论业户原契已税未税，俱应一律请领。前清已税买契，产价每拾两纳税银贰角，未税者纳税银伍角，前清已税当契，产价每拾两纳税银壹角，未税者纳税银贰角。从开办之日起，限五个月内，仰各业户从速挂号投税。逾限不投税者，原契作为废纸。其各懔遵毋违，切切！后余空白处，摘录业户原契。至该业户原契，仍粘附于后，加盖骑缝印信合并。饬遵。

立认当契人尹善祥，将到排山门之草房园子一并出当与姚宗孔为业，价银共贰拾壹两柒钱整。余详原契粘附。

中华民国二年四月十四号给

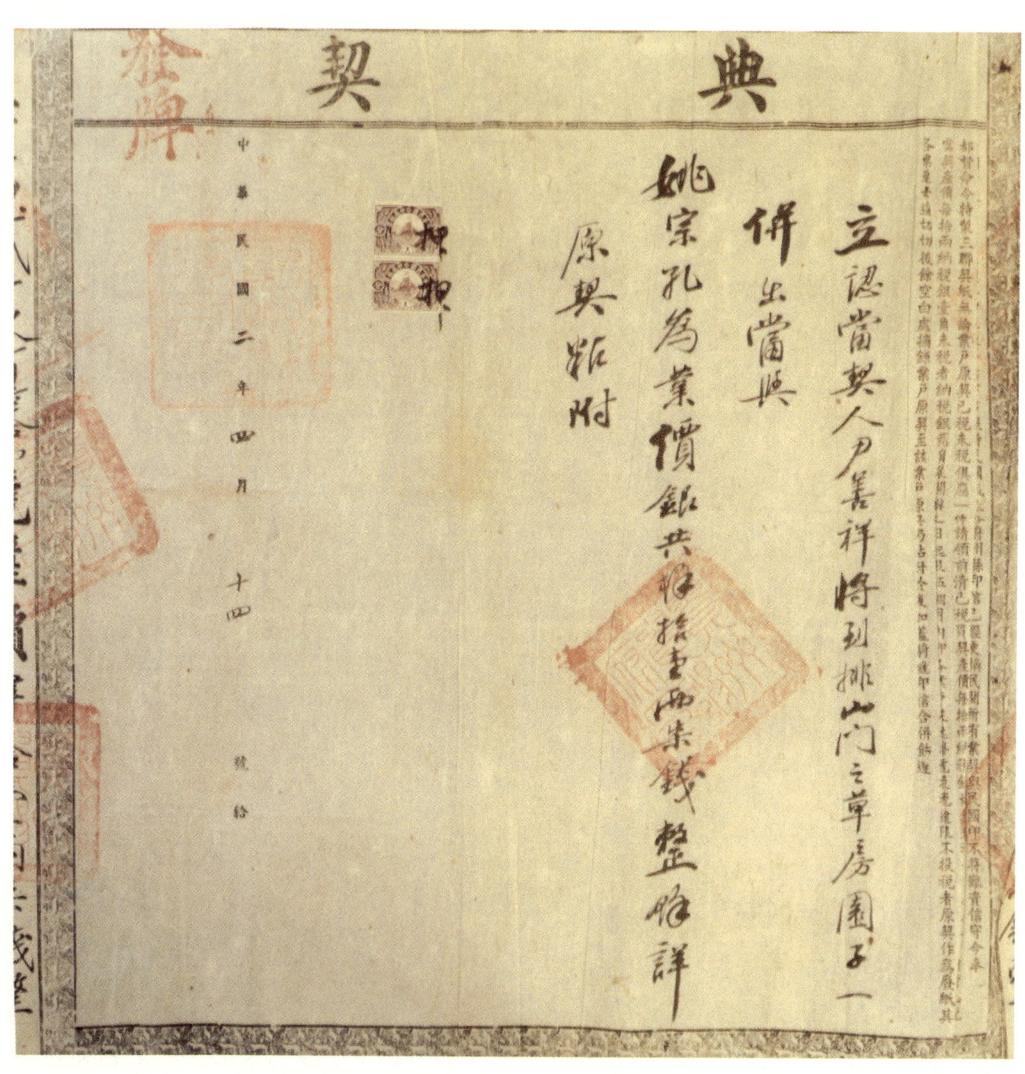
典契

立認當契人尹善祥將到排山門之草房園子一

併出當與

姚宗孔為業價銀共柒拾壹兩柒錢整略詳

原契粘附

中華民國二年四月十四號給

（八）同治五年（1866年）八月十六日契文

立卖房契人刘郭氏，今因乏用，将祖业牌三门草房三间、侧房壹间、小草房壹间、猪圈壹小间、园子壹幅、古沟三尺宽，地基、院坝、砖石瓦片一并在内，前抵街，后抵刘姓住房，左抵刘姓房，右抵严姓房，四至分明，请凭中证出卖与王德裕名下管业。当日时值得受卖价九色银陆拾伍两整，即日刘姓亲手收明，并无短少分厘。自卖之后，恁（任）凭王姓住坐安佃，刘姓亲族人等不得异言，如有此是，惟刘郭氏一力承耽（担），日后刘姓有力不能赎，无力不能加补。恐口无凭，特立卖字为据。

外添一字

永远发达

凭中人　张三公　李二公　陈大公　丹二公　吴五公　李九爷　仝（同）押

代笔人　吴占鳌

同治五年八月十六日　刘郭氏　立

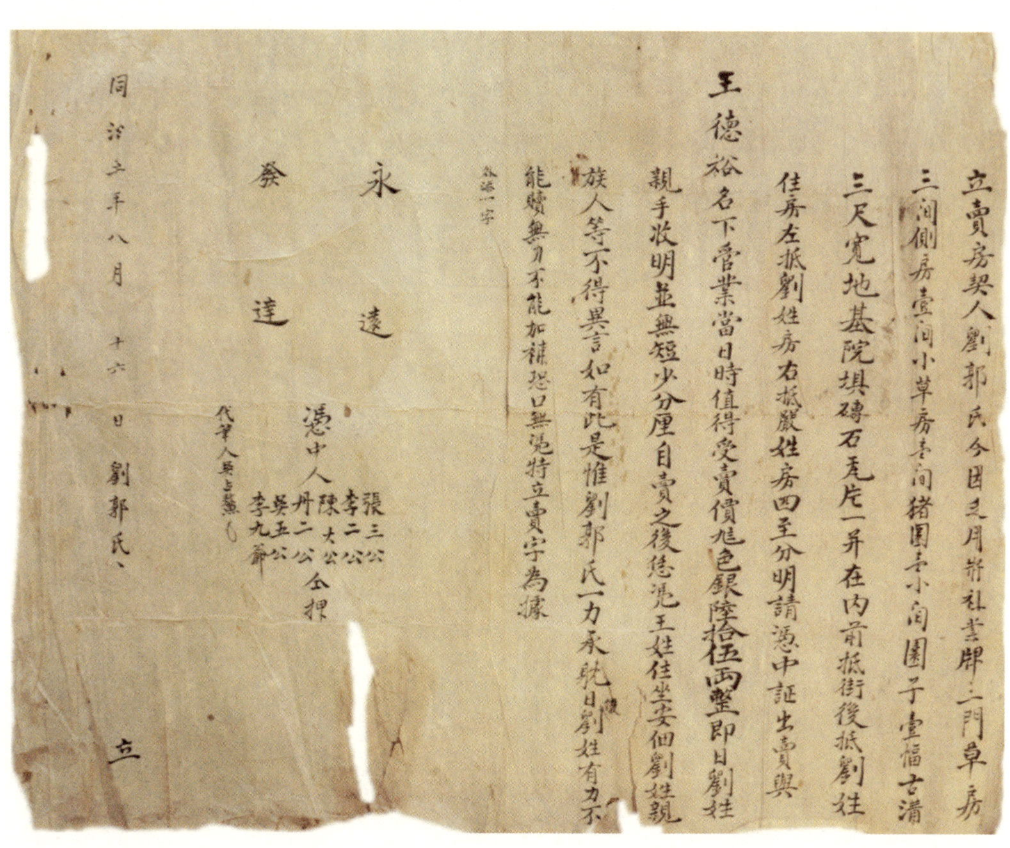
立賣房契人劉郭氏今因乏用將祖業牌二門草房
三間側房壹間小草房壹間豬圈壹小肉園子壹幅古清
三尺寬地基院塡磚石瓦片一并在內前抵街後抵劉姓
住房左抵劉姓房右抵嚴姓房四至分明請憑中証出賣與
王德裕名下管業當日時值得受賣價足色銀陸拾伍兩整即日劉姓
親手收明並無短少分厘自賣之後憑凭王姓住坐安佃劉姓親
族人等不得異言如有此是惟劉郭氏一力承耽日劉姓有力不
能贖無力不能加補恐口無憑特立賣字為據
外添一字
永遠
發達
憑中人 張三公 李二公 陳大公 丹二公 吳五公 李九齋 仝押
代筆人吳占熊
同治六年八月十六日 劉郭氏 立

（九）同治十年（1871年）□月十一日契文

立卖瓦房地基园子文契。杨文陛名下自置之业，今因缺银应用，自愿□本名下瓦楼房壹间，园子一[①]幅，坐基在内，坐落地名排扇门，前抵街，后抵刘姓墙脚，左抵黔局，右抵买主得当王姓之房与墙，四置（至）分明，请凭中证上门，出卖与李万珍名下为业。即日三面议定，时值价九色银八两整，亲手领明，并无少欠分厘。自卖之后，认（任）从李姓永远住座（坐）管业，杨姓亲族内外人等不得异言，如有不清，本人出头理落（论），不与买主相干。其有地亩钱五十文，李姓每年交清。此系二比自愿，非关压逼。恐口无凭，立卖房基园子文契一纸，永［远为］据。

外添三字

万代富贵

口口代笔　朱永顺

　　　　　解五公

　　　　　杨二太公　开口

　　　　　吴五公　国才

　　　　　罗二爷　正华

凭中　　　吴二爷　　　　全（同）押

　　　　　李大公　万贵

　　　　　丹二公

　　　　　张三公

　　　　　王义顺

同治十年□月十一日立卖

---

① 原契文此处为"乙"。契约中为避免添笔"一"常写作"乙"，录文中统一改为"一"，以下不再注。

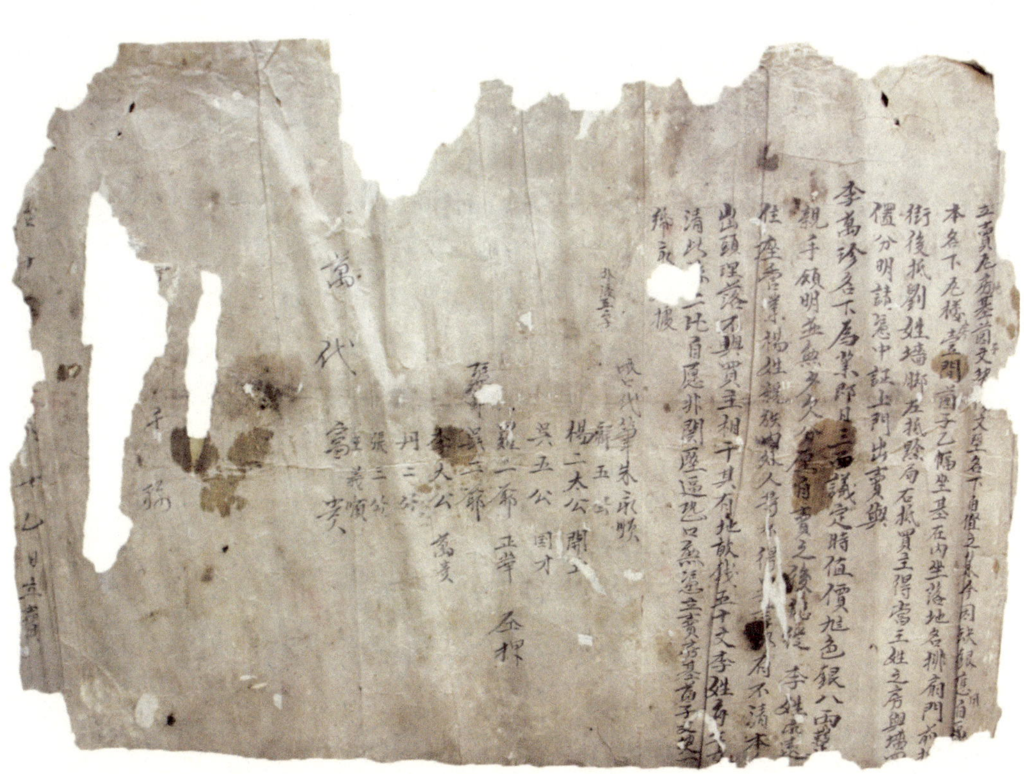

立賣瓦房基面子文契人[illegible]文星名下自[illegible]今因缺銀應用自[illegible]
本名下瓦樓壹間[illegible]面子乙幅 屋基在内 坐落地名排崗門前[illegible]
街後抵劉姓墻脚 左抵路 右抵買主 得當王姓之房與墻[illegible]
價分明 請憑中証上門出賣與
李萬珍名下爲業 即日三面議定時值價九色銀八兩[illegible]
親手領明 並無分文欠少 自賣之後 聽從李姓[illegible]
住坐營業 楊姓親族外人不得[illegible]有不清[illegible]
出頭理落 不與買主相干 其有地畝錢五十文 李姓[illegible]
清 此係二比自愿 非[illegible] 恐口無憑 立賣房基面子文契[illegible]
爲永據

外請五字

憑中代筆 朱永順
解五[illegible]
楊二太公 開[illegible]
吴五公 國才
羅二爺 正华
[illegible]吴三爺 丕[illegible]
李大公 萬[illegible]
丹二[illegible]
張三[illegible]
[illegible]義順
萬[illegible]

萬代

子孫

[illegible]年[illegible]月[illegible]日立賣[illegible]

（十）同治十年（1871年）契文[①]

立卖瓦房地基园子文契。雷文魁仝（同）侄应炳，本名下自置之业，今因回屋缺银应用，自愿将到本名下德（的）买杨姓之瓦楼房壹间、园子一幅，座基在内，座（坐）落地名排扇门，前抵街，后抵刘姓墙脚，左抵黔局，右抵蒋姓得当王姓之房与墙，四值（至）分明，请凭中证上门，出卖与黄春扬名下为业。即日三面议定，时值价九色银柒两贰钱整，即日亲手领明，并无少欠分厘。自卖之后，任从黄姓□□住座管业，雷姓亲族内外人等，不得异言，如有不清，本人出头理落（论），不与买主相干。其有地亩钱五十文，黄姓每年交清。此系二比自愿，非关押（压）逼。恐口无凭，立此卖契，房基园子文契一纸，永远为据。

外有老契二张。

代笔　朱永顺

　　　王二公　德裕

凭中　吴五公印国才

　　　张三公　兴　　　仝（同）押

　　　张加祺

永远管业

□□□遂

① 此份契约落款具体日期已看不到。从纸张品相和代笔人来看，与同治十年同一时期。

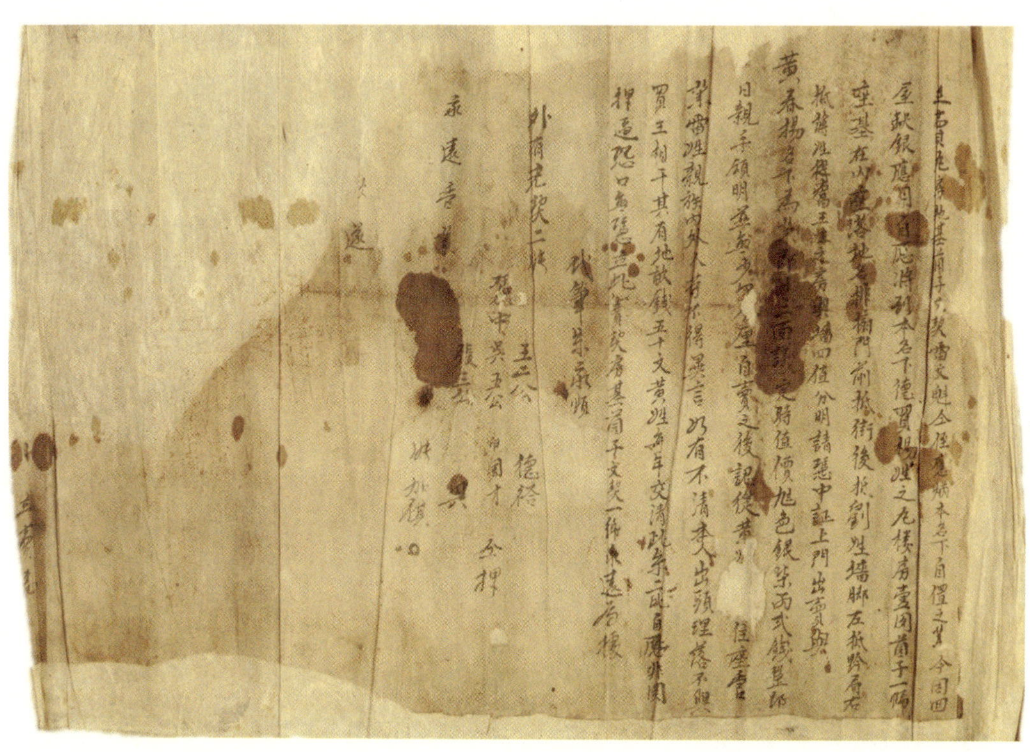

立[illegible]屋地基前手[illegible]契雷文魁仝侄[illegible]本名下自置之業今因回
屋缺銀應用自愿將到本名下德買楊姓之危樓房壹间前子一所
坐基在[illegible]北[illegible]門前抵街後抵劉姓墙脚左抵黔房右
抵龔姓後[illegible]墙四值分明請憑中証上門出賣與
黃春揚名下為業[illegible]面議定時值價九色銀柒两弍錢是即
日親手領明並無少欠屋自賣之後認從黃[illegible]住座管
業當姓親族內外人等不得異言如有不清本人出頭理落不與
買主相干其有地畝錢五十文黃姓每年交清此系二比自愿非関
押逼恐口無憑立此賣契房基前手文契一紙永遠爲據
代筆 朱秉順
外有老契二紙
憑中 吳五公 王二公 德裕
張[illegible] 国才 仝押
洪加順
永遠[illegible]
又 遠

（十一）光绪二年（1876年）七月十六日契文

立倒卖房子地基文契人蔡玉兴、夏蔡氏，今日无钱使用，自愿将到先祖遗流（留）之房，座（坐）落地名排沙门，正街铺面瓦楼房地基一间，上连瓦，下连脚，寸石寸木，一并在内，控（空）地基二间，开竿二丈二尺宽，前抵街，后抵杨姓界，左抵卖主界，右抵陈姓房其屋詹（檐）摘水为界，四字（至）分明，请凭中证上门，出卖与罗大兴名下为业。即日三面议定得受卖价纹银贰拾陆两整，亲手收明。自卖之后，任随罗姓管业柱（住）座（坐）修造，蔡姓亲族以及异姓人等，并无前来异言，如有此情，蔡姓一力成（承）当，不以（与）买主相干。此系二比情愿，并非逼迫成交，亦无私价货无（物）准债。恐口无凭，立卖约一纸为据。

后批老契实落，日后揭出，以为故纸，寸尺不流（留）。

添三字改二字

凭中　丹得兴　陈明德
姚忠孔　黄春阳
王起敖　蔡大伦　刘长春
蔡大锋　蔡大林　陆喜堂
国仁纪　王义顺　黄士贞　仝（同）押
姚福顺　黄甫臣　马玉山
张洪顺　杨兴臣
张柄铣　朱云昌
李桃仙
蔡大钊

代笔　阮助臣

光绪二年七月十六日　夏蔡氏　蔡玉兴　立

永远管业

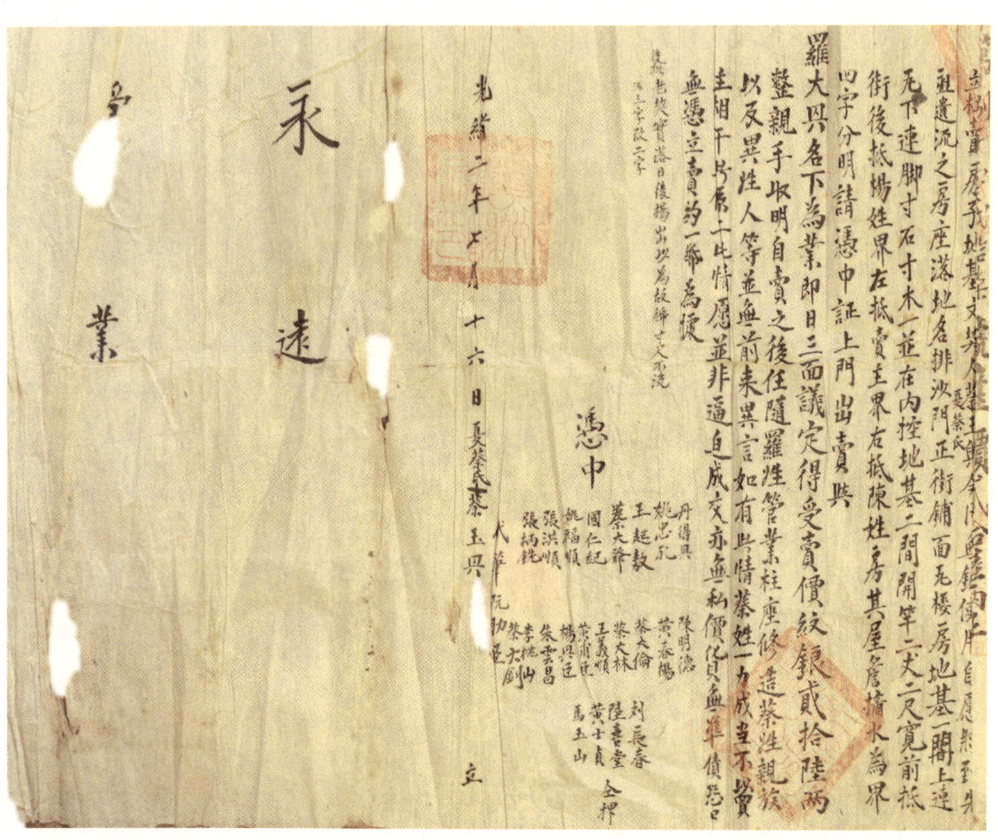

立杜賣房子地基文契人夏蔡氏[illegible]自願將到[illegible]
祖遺流之房產落地名排沙門正街鋪面瓦樓房地基一間上連
瓦下連腳寸石寸木一並在內控地基二間開竿二丈二尺寬前抵
街後抵楊姓界左抵賣主界右抵陳姓房其屋簷滴水為界
四字分明請憑中証上門出賣與
羅大興名下為業即日三面議定得受賣價紋銀貳拾陸兩
整親手收明自賣之後任隨羅姓管業柱庭修造蔡姓親族
以及異姓人等並無前來異言如有此情蔡姓一力成當不與買
主相干此係二比情愿並非逼迫成交亦無私價[illegible]無準債[illegible]
無憑立賣約一紙為據

後批老契[illegible]實落日後揭出以為故紙[illegible]
添三字改二字

憑中
丹得興 姚忠孔 王起敎 蔡大爵 周仁紀 姚福順 張洪順 張炳銑
陳明德 黃春楊 蔡大倫 蔡大林 王義順 黃甫臣 楊興廷 朱雲昌 李桃山 蔡大釗
劉長春 陸喜堂 黃士貞 馬玉山 仝押

代筆 阮[illegible]

光緒二年七月十六日 夏蔡氏蔡玉興 立

永遠
[illegible]業

断 卖 契

贵州财政司　为颁发印契，以资信守。照得民国成立，各府州县印信已经更换。民间所有业契与民国印不符，难资信守。今奉都督命令，特制三联契纸，无论业户原契已税未税，俱应一律请领。前清已税买契，产价每拾两纳税银贰角，未税者纳税银伍角；前清已税当契，产价每拾两纳税银壹角，未税者纳税银贰角。从开办之日，起限五个月内，仰各业户从速挂号投税。逾限不投税者，原契作为废纸。其各懔遵毋违，切切！后余空白处摘录业户原契。至该业户原契，仍粘附于后，加盖骑缝印信合并。饬遵。

立卖房人蔡玉兴，将排沙门瓦楼房地基壹间，卖与罗大兴，价银贰拾陆两正（整）。余详原契粘附。

凭中丹得兴等

中华民国二年四月四号给

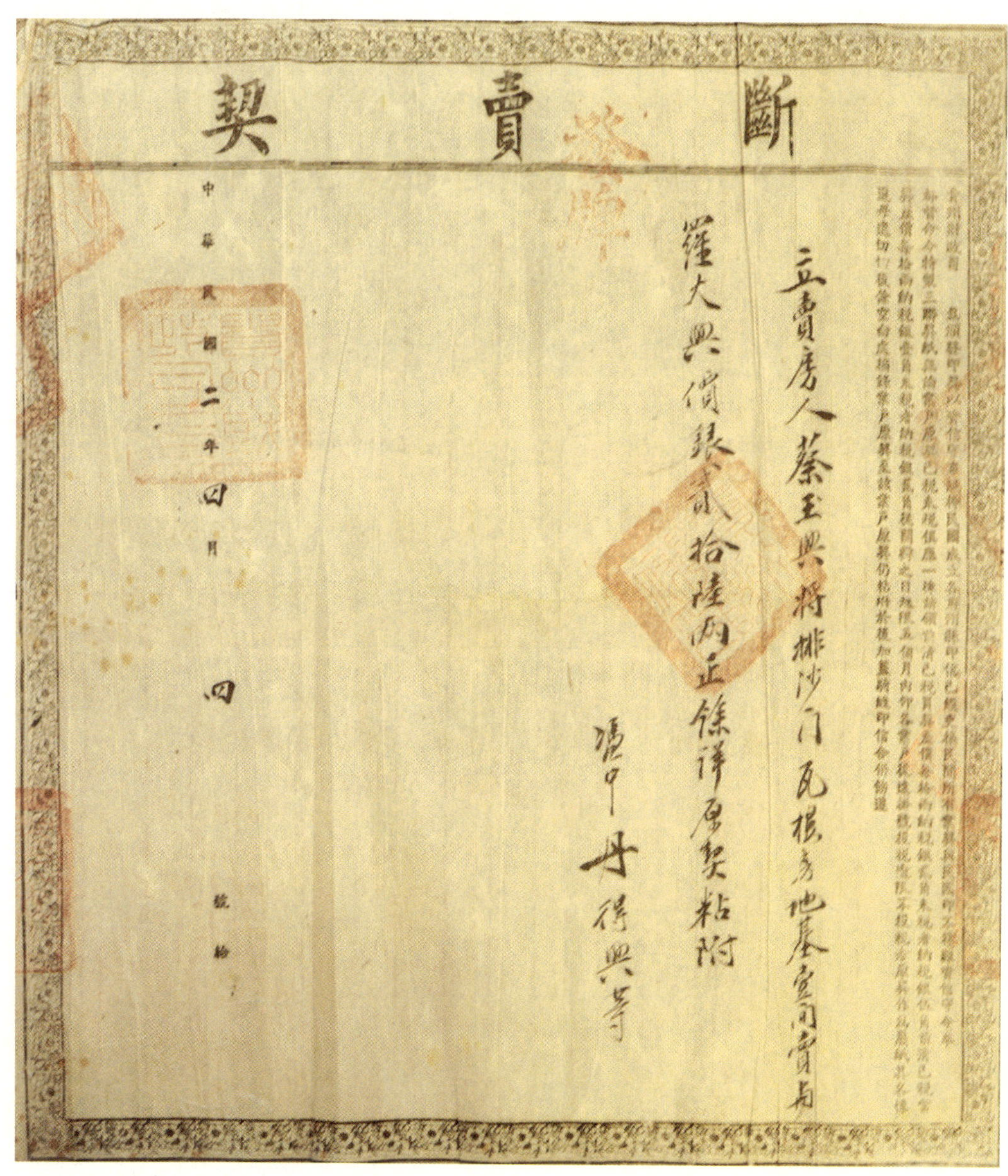

断賣契

立賣房人蔡玉興將排沙门瓦根房地基壹间賣与
羅大興價銀貳拾陸两正條詳原契粘附
憑中 丹得興等

中華民國二年四月 四 日
號給

税验买契

贵州财政厅为给与税验买契事照得税契验契本省向系分辨手续繁重有碍进行现因期限紧迫特另定税契验契合办系列将应用税验契纸合并为一并印制四联税验买契自布告实行之日起凡民间以旧契投税呈验者税契仍照本省向章定率完纳逾限则按月递加验税仍照部章纳费逾限则按月加倍所有税验旧契各项除分别登记存根缴验外特发给税验买契将应行记载事件开列于后

业主姓名		罗大兴
不动产种类		房
座落		中区排沙门
面积		一间
四至	东至	前抵街
	南至	后抵杨姓界
	西至	左抵卖主界
	北至	右抵陈姓房
买价		贰拾陆两
年纳税额		无
原契几张		无
立契年月日		光绪二年七月十六日
卖主姓名		蔡玉兴
中人姓名		丹德兴
应纳税额	契税银数	二四四
	验契纸价费银	壹元
	验契注册费银	壹角
合计		贵字第八千零二七号纳税洋一元三角 壹元壹角

贵阳县知事兼税验契所长

中华民国三年十二月三十日　贵字第二千四百三七号　贵阳县税验

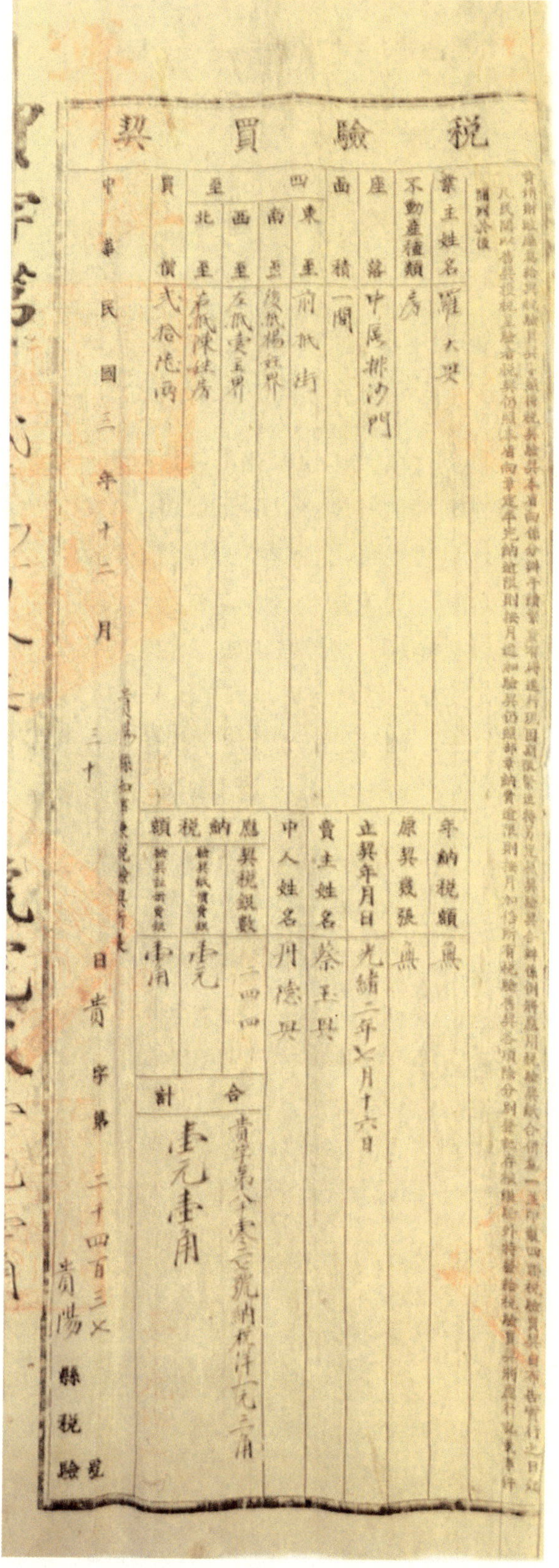

税驗買契

業主姓名	羅大[illegible]
不動產種類	房
座落	中區排沙門
面積	一間
四至 東至	前抵街
南至	後抵楊姓界
西至	左抵[illegible]王界
北至	右抵陳姓房
買價	弍拾伍两
年納稅額	無
原契幾張	無
立契年月日	光緒二年七月十六日
賣主姓名	蔡玉興
中人姓名	冉德興
應納稅額 契稅銀數	二四四
驗契紙價費銀	壹元
驗契註冊費銀	壹角
合計	壹元壹角

貴字第八千零二七號納稅洋[illegible]元二角

中華民國三年十二月三十日 貴字第二十四百三七

貴陽縣知事兼稅驗契所長

貴陽縣稅驗登

（十二）光绪十七年（1891年）五月初十日契文

立卖房土文契人吴学贞，今因移业就业，将到祖遗分授名下土二块、草房一间，坐落地名次南门外排栅门侧梓木林，四至俱照，上首刘姓卖契管业，所有树木一并在内，并无抽留，当凭中证出卖与罗文华名下为业。得受时值卖价九八色银叁拾两整，即日亲手收明，并未短少分厘，亦无货债准折。自卖之后，任凭罗姓住坐安佃，吴姓亲族以及异姓不得异言。如有异言，惟卖主承耽（担），不干买主之事。契明价足，永无找补。恐口无凭，特立卖契存执为据。

批：揭交上首老契二张，日后另有上首老契揭出，打为故纸。十一月十六日，凭附郭团众公再批。

凭中 胞兄 吴学彬
[吴学]懋
余荣九
杨秀山 仝（同）押
贺明仁
彭勋阶 笔

光绪十七年五月初十日 吴学贞 立

永远管业

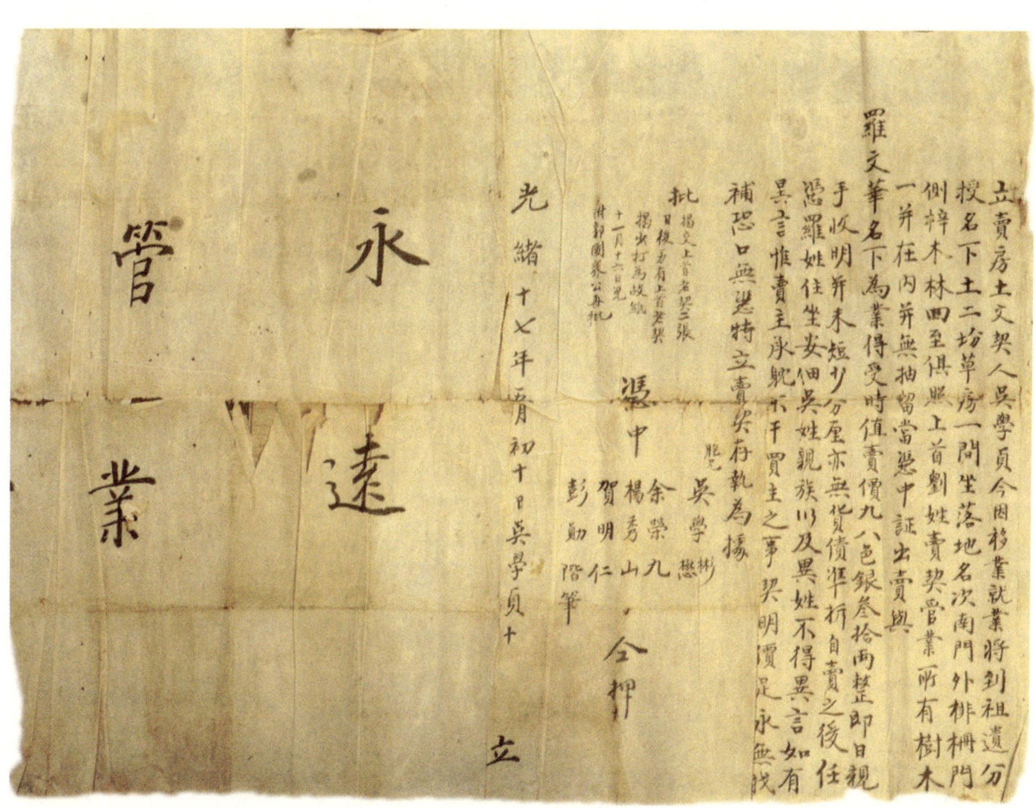
立賣房土文契人吳學員今因移業就業將到祖遺分
授名下土二坊草房一間坐落地名次南門外排柵門
側梓木林四至俱照上首劉姓賣契管業所有樹木
一并在内并無抽留當憑中証出賣與
羅文華名下為業得受時值賣價九八色銀叁拾兩整即日親
手收明并未短少分厘亦無貨債準折自賣之後任
憑羅姓住坐安佃吳姓親族以及異姓不得異言如有
異言惟賣主承躭不干買主之事契明價足永無找
補恐口無憑特立賣契存執為據

批 揭文上首老契二張
日後如有上首老契
揭出打為故紙
十一月十六日
郭國森公再批

胞兄 吳學彬 懋

憑中 余榮九 楊秀山 賀明仁 彭勛階筆 仝押

光緒十七年五月初十日吳學員十 立

永遠管業

（十三）光绪十八年（1892年）五月初三日契文

立杜（此）卖瓦房、地基、园子文契人吴张氏仝（同）男俶善，母子商议，为因账目追急，无处出办，将到夫置瓦房叁大间、厢房壹间、街面上连槽门共四间，背后马房地基叁间、园子一幅，坐落地名次南门外排栅门，其有四至，前抵街，后抵更道墙脚，左抵刘姓为界，右抵蔡姓为界，四至分明，并无抽留片瓦寸石寸木，一（亦）无包占别人寸土在内，特凭街邻中证上门，出杜（此）卖与陆朝兴大公名下永远管业。即日三面议定，时值得受九呈（成）［色］市银捌拾伍两整，母子三人亲手收明应用，并未少欠分厘，亦无货债准折。自卖之后，任随陆姓子孙永远住坐安佃管业，吴姓亲族以及异姓人等，不得前来争论异言等情。如有异言，惟吴张氏母子一力承当，不干陆姓之事。契明价足，永无找补、回赎等弊。此系二比情愿，并非强逼为成。今恐人心不古，特立杜（此）卖瓦房、地基、园子文契为据。

批：随上首老契贰张，吴姓卖契贰张，共四张，一并揭出，拘（俱）归陆姓执掌，以为凭据。

内添一古字

延年益寿

吴熙先佃客　蒋洪顺
鄢润堂　姚宗孔
朱荣昌　周质夫
杨勋臣　吴国才
周玉堂　于新盛
王义顺　余荣九
凭中人　胡济洲　陈文光　仝（同）押
罗端甫　宋怡兴佃客
袁俊臣　国熙安
敖瑞廷　张荣兴佃客
张绍培　蒋春芳佃客
原中　罗大兴　蒋正芳
吴静堂　笔

光绪拾捌年伍月初叁日　立（此）卖瓦房地基园子文契人吴张氏仝（同）男俶善　亲立

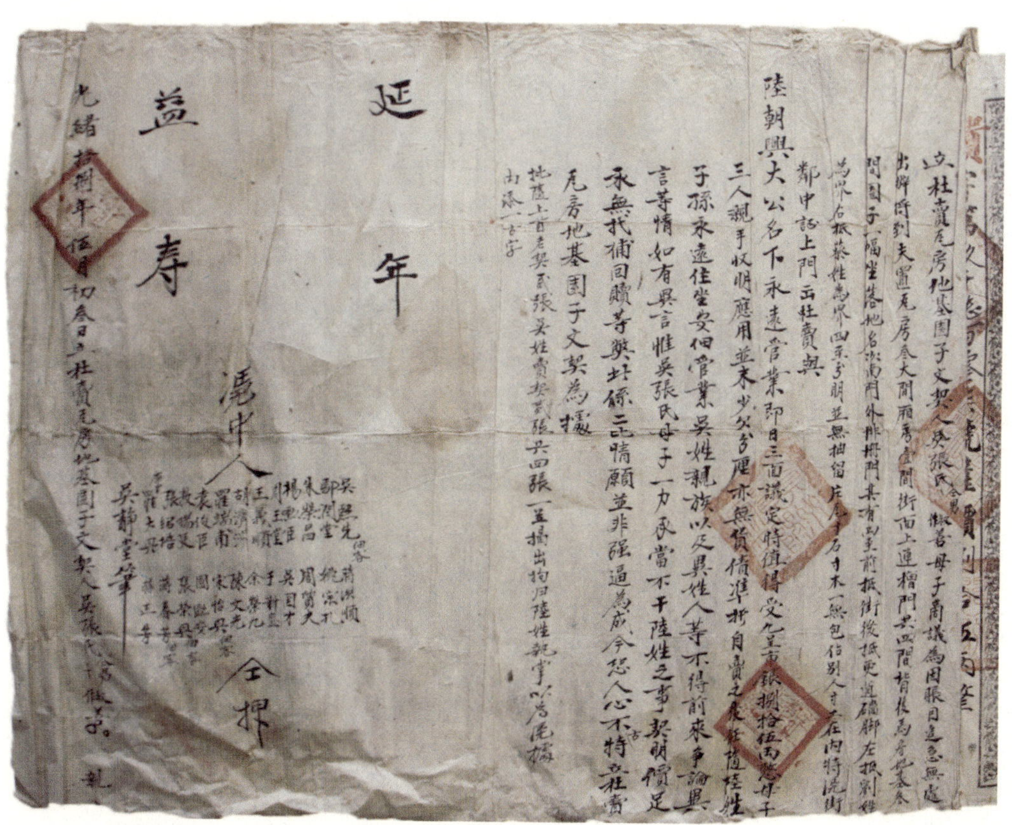

断 卖 契

贵州财政司　为颁发印契，以资信守。照得民国成立，各府州县印信已经更换。民间所有业契与民国印不符，难资信守。今奉都督命令，特制三联契纸，无论业户原契已税未税，俱应一律请领。前清已税买契，产价每拾两纳税银贰角，未税者纳税银伍角；前清已税当契，产价每拾两纳税银壹角，未税者纳税银贰角。从开办之日起，限五个月内，仰各业户从速挂号投税。逾限不投税者，原契作为废纸。其各懔遵毋违，切切！后余空白处，摘录业户原契。至该业户原契，仍粘附于后，加盖骑缝印信合并。饬遵。

立卖房契人吴张氏等，将到自置排栅门之房屋、地基卖与陆朝兴为业，价银捌拾伍两整。余详原契粘附。

凭中胡济洲等

中华民国二年五月一号给

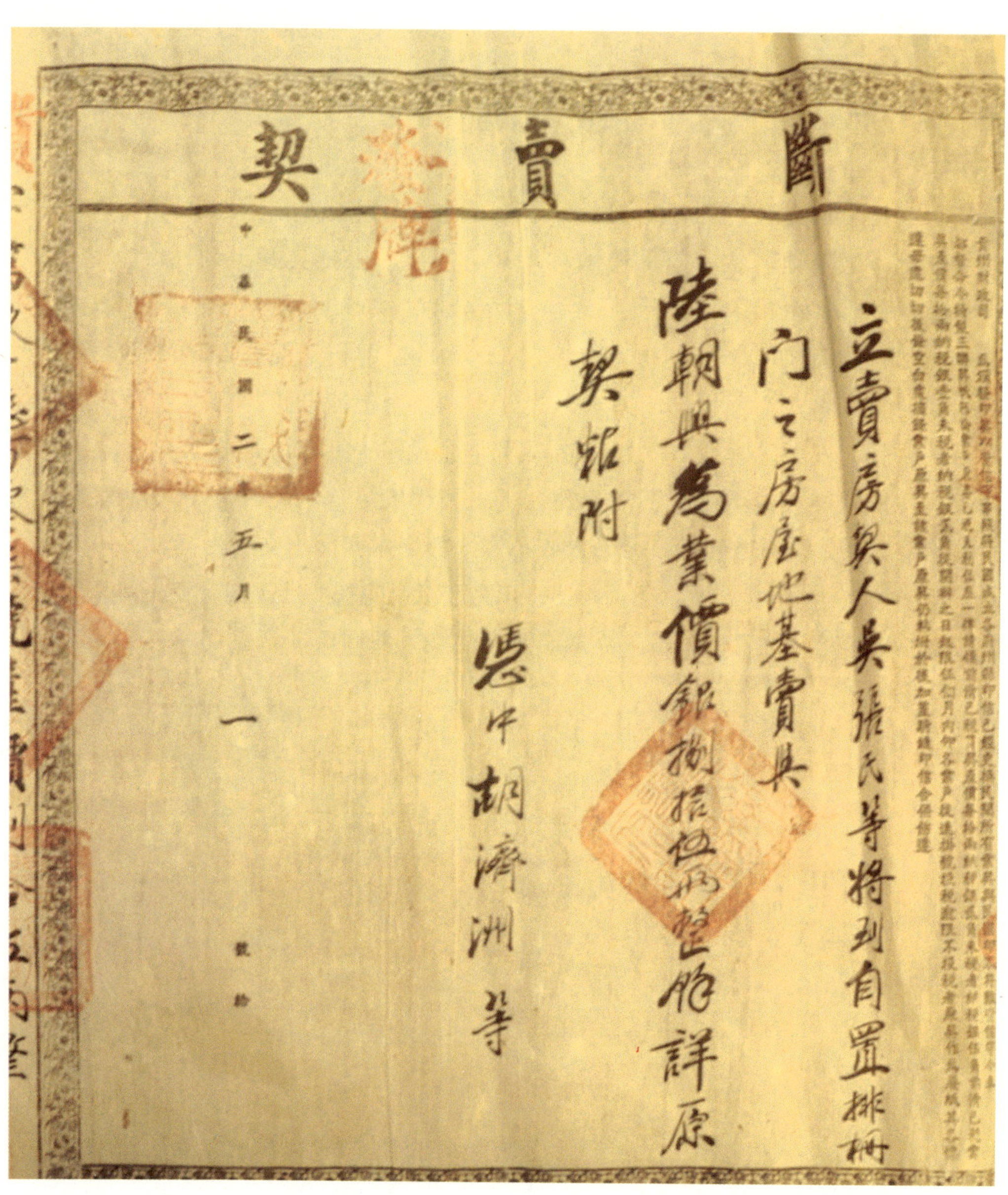

斷賣契

立賣房契人吳張氏等將到自置排柵

门之房屋地基賣與

陸朝興為業價銀捌拾伍兩整彼詳原

契紙附

憑中 胡濟洲 等

中華民國二年五月 一 日 發給

（十四）光绪二十二年（1896年）九月二十日契文

立永卖园土文约人罗周氏，情因母亲亡故，无银安埋，无处出办，特将夫置园土壹幅，坐落地名次南门外梓木林，其有四至，上抵吴姓土硬（坎），下抵朱姓土界，左抵蔡姓土界，右抵吴姓界，四至分明，并未抽留寸土寸石，亦无包占，请凭街邻中证上门，永卖与刘鸿基名下永远为业。即日三面言定，得受卖价市银贰拾贰两整，本人亲手收讫，并未少欠分厘，亦无货债准折。自卖之后，任凭刘姓子孙耕种、安佃、管业，罗姓亲族以及异姓人等，不能前来争论异言，如有异言等情，惟罗姓一力承当，不干刘姓之事。契明价足，永无回赎、找补等情。此系二比情愿，并非逼迫强为。今恐人心不古，特立永卖园土文约为据。

批：其有吴姓老契未揭，日后揭出，以为废纸，随揭罗姓卖契老契，刘姓收执。

光绪贰拾贰年九月贰拾日　立永卖园土文契人罗周氏　亲立

千秋不易

凭中

刘四姑太
白（伯）娘　婿罗刘氏
祝占清
原中　姚大奶
刘文英
朱云昌
堂叔　罗三公
吴静堂　笔

仝（同）押

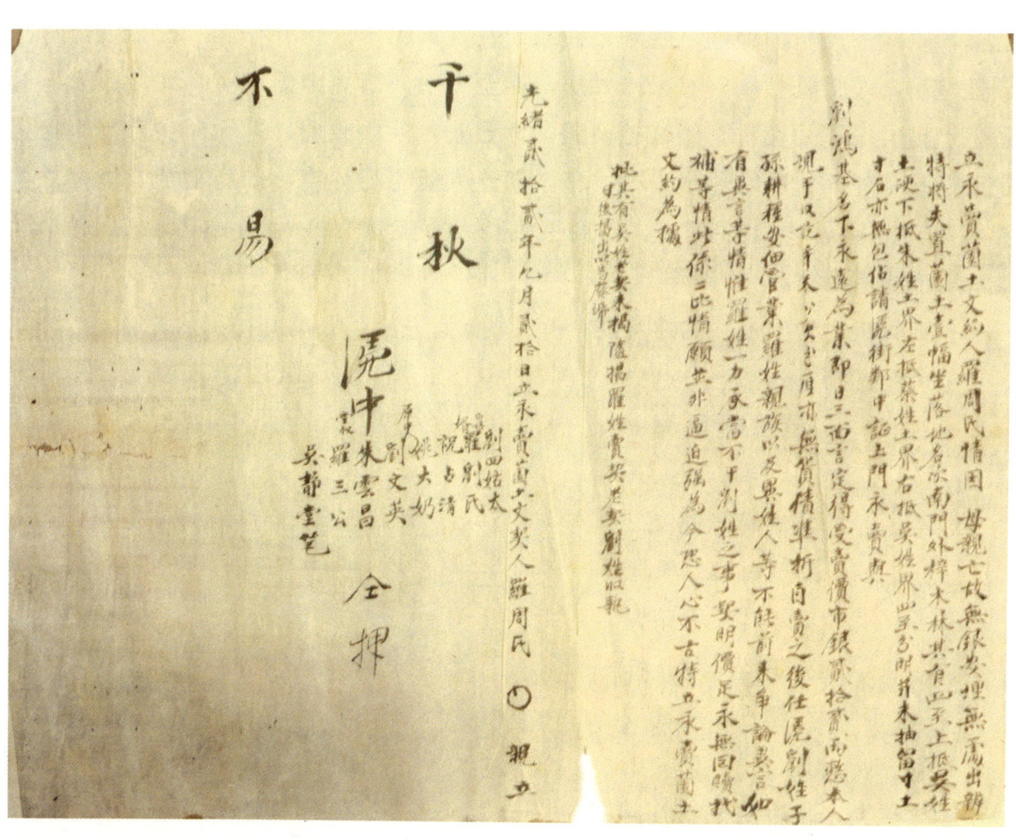
立永賣蘭土文約人羅周氏，情因母親亡故，無錢安埋，無處出辦，特將夫買蘭土壹幅，坐落地名水南門外梓木林，其有四至：上抵吳姓土，下抵朱姓土界，左抵蔡姓土界，右抵吳姓界，四至分明，并未抽留寸土寸石，亦無包佔。請憑街鄰中証上門永賣與

劉鴻基名下永遠為業。即日三面言定，得受賣價市銀貳拾貳兩，憑本人親手收訖，並不少欠分厘，亦無貨債準折。自賣之後，任憑劉姓子孫耕種安佃管業，羅姓親族以及吳姓人等不能前來爭論異言。如有異言等情，惟羅姓一力承當，不干劉姓之事。契明價足，永無回贖找補等情。此係二比情願，並非逼迫強為。今恐人心不古，特立永賣蘭土文約為據。

批：其有吳姓老契未揭，隨揭羅姓賣契老契劉姓收執，日後揭出以為廢紙。

光緒貳拾貳年七月貳拾日立永賣蘭土文契人羅周氏 ○ 親立

憑中 劉四姑太　羅劉氏　祝古清　姚大奶　劉文英　朱雲昌　羅三公　仝押

吳靜堂筆

千秋不易

（十五）光绪二十四年（1898年）六月初二日契文

立卖房契人王德裕，今因乏用，将到自置牌山门草房三间、侧房壹间、小草房壹间、猪圈壹小间，俱已倒踏（塌），只有地基园子壹幅，离刘姓九房地脚三尺管业，古沟三尺宽，地基、院坝、砖石、瓦片、树木，一并在内，前抵街，后抵刘姓住房，左抵刘姓房，右抵张姓房，四至分明，请凭中证出卖与沈荣昌名下管业。当日时值得受卖价票银肆拾两整，即日王姓亲手收明，并无短少分厘。自卖之后，恁（任）凭沈姓住坐安佃，王姓亲族人等不得异言，如有别情，惟王姓一力承耽（担），不与沈姓相干。日后王姓有力不能赎取，无力不能加补。恐口无凭，特立卖字为据。

批：计揭老契一张，沈姓收执。祈（其）有院坝、巷道共用出入。在具。

永远管业

凭中人 杨天禄 谢海山 吴国才 罗大兴 马庆峰 倪俊三 颜光林 蔡荣廷 向子祥 余荣九 曾干臣 傅廷桂 张绍培 王德安 朱云昌 何岐山 吴静堂 李胜夏 仝（同）押

代笔人 喻万顺

光绪贰拾肆年陆月初二日 立卖房人王德裕全福 立

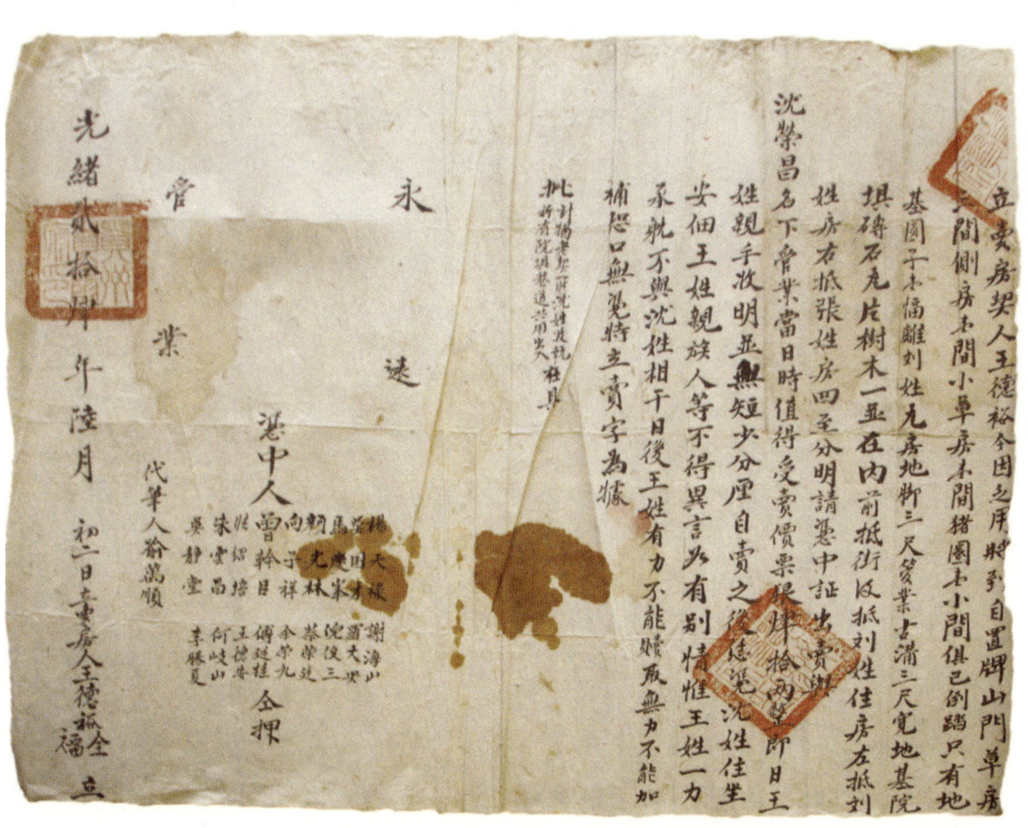
立賣房契人王德裕今因乏用將到自置牌山門草房
□間側房壹間小草房壹間猪圈壹小間俱已倒踏只有地
基園子壹偏離刘姓充房地界三尺笆業壹滿三尺寬地基院
填碍石充片樹木一并在內前抵街後抵刘姓住房左抵刘
姓房右抵張姓房四至分明請憑中証出賣與
沈榮昌名下管業當日時值得受賣價票銀肆拾兩整即日王
姓親手收明並無短少分厘自賣之後憑沈姓住坐
安佃王姓親族人等不得異言如有别情惟王姓一力
承耽不與沈姓相干日後王姓有力不能贖取無力不能加
補恐口無憑特立賣字為據

永遠管業

憑中人 楊大祿 馬田才 賴慶米 賴光林 向子祥 曾鈴目 張鍚培 朱雲閣 吳静堂
謝海山 羅大興 沈俊三 蔡鼎廷 余本九 傅廷桂 王德安 何岐山 李勝夏 仝押

代筆人 喻萬順

光緒貳拾肆年陸月初二日立賣房人王德裕 福仝立

（十六）光绪二十九年（1903年）九月十一日契文

立出卖契人卢志祥，今因乏银使用，将到本己所置之草房贰间，地基、园子、树木、砖瓦、片石，壹并在内，前抵街，后抵钱局土垠，左抵蒋姓界，右抵何姓界，四支（至）分明，特请凭中证出卖与何瑞翁名下管业。当面议定，价银拾足，票银贰拾两整，即日亲手收明，无有私债抵押，并无短少分厘，其房亦无重押、抵当等情。此系二比情愿，并无逼迫。自卖之后，卢姓有力不能赎取，无力不能加补，何姓管业，卢姓亲族人等不得前来异言，若有异言，卢志祥一力承耽（担），不与何姓相干。今恐人心不古，特立此契为据。

外揭有卖契壹张交何姓收呈。

凭中
蒋兴发
罗大兴
罗树清
胡华九　笔
萧定国
谢洪顺

光绪贰拾玖年玖月拾壹日　卢志祥　立

立出賣契文人盧志祥□□□□今將己所置之草房弍
間地基茵子樹木磚瓦石壹並在內前抵街後抵錢局土垠
左抵蔣姓界右抵何姓界四至分明請憑中證出賣與
何瑞蒲名下管業當面議定價銀拾五票銀弍拾兩整即日親手收明
無有私債抵押並無短少分厘其房亦無重押抵當等情此係二比
情愿並無逼迫自賣之後盧姓有力不能贖無力不能加補何姓
管業盧姓親族人等不得前來異言若有異言盧志祥一力承耽
不與何姓相干今恐人心不古特立此契為據

外搭有賣契壹紙
又□□□□

憑中 蔣興發 羅大興 胡維樹 蔣清 蕭宗國 謝洪順

光緒弍拾玖年玖月拾壹日 立

断卖契

贵州财政司　为颁发印契，以资信守。照得民国成立，各府州县印信已经更换。民间所有业契与民国印不符，难资信守。今奉都督命令，特制三联契纸，无论业户原契已税未税，俱应一律请领。前清已税买契，产价每拾两纳税银贰角，未税者纳税银伍角；前清已税当契，产价每拾两纳税银壹角，未税者纳税银贰角。从开办之日起，限五个月内，仰各业户从速挂号投税。逾限不投税者，原契作为废纸。其各懔遵毋违，切切！后余空白处，摘录业户原契。至该业户原契，仍粘附于后，加盖骑缝印信合并。饬遵。

立卖房契人卢志祥，将到自置之地基、园子卖与何瑞翁为业，价银贰拾两整。余详原契粘附。

凭中罗大兴等

中华民国二年五月一号给

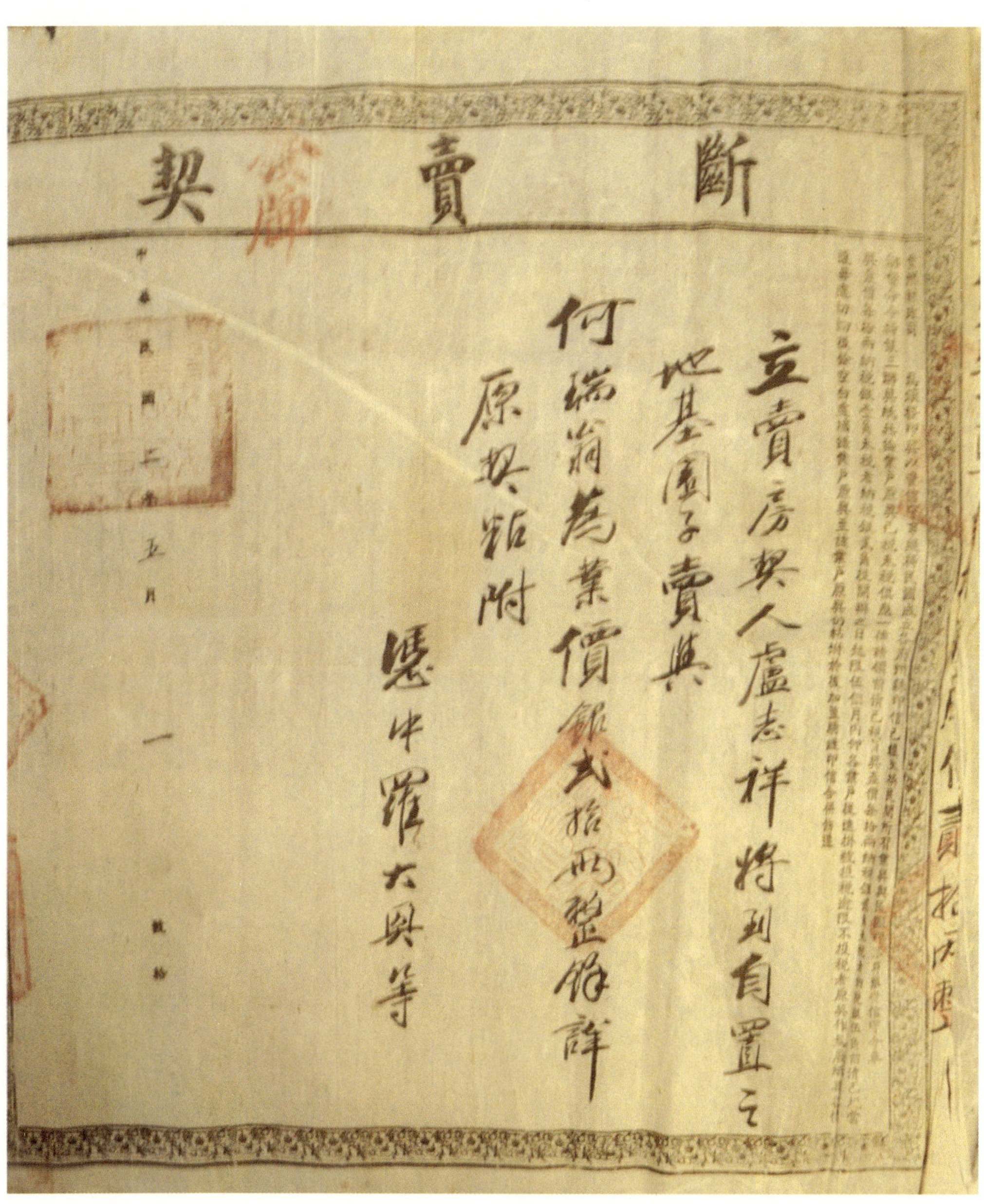
断賣契

立賣房契人盧志祥将到自置之
地基園子賣與
何瑞崙為業價銀弍拾兩整
原契粘附
憑中羅大興等

（十七）光绪三十年（1904年）三月二十四日契文

立出卖契文约人杨文近，今因乏用，将到本己主（祖）至（置）之业草房贰间、基园壹幅，坐落地名牌山门正街，四至分明，特凭中证上门，出卖与蒋正芳名下管业。即日言定卖价纹银贰拾两正（整），杨姓夫妻二人清（亲）手收明，并无少欠分厘。此系二比情愿，并非逼迫成交。自买（卖）之后，不得前来异言，此房如有后当抵押，系杨姓一力成（承）担。恐口无凭，特立此字为据。

永远管业

杨开玉
杨洪顺
王德裕
凭中人　张　兴
吴国才
冷定邦
[冷] 明宗

光绪三十年三月廿四日　杨文近　妻龙氏　仝（同）立

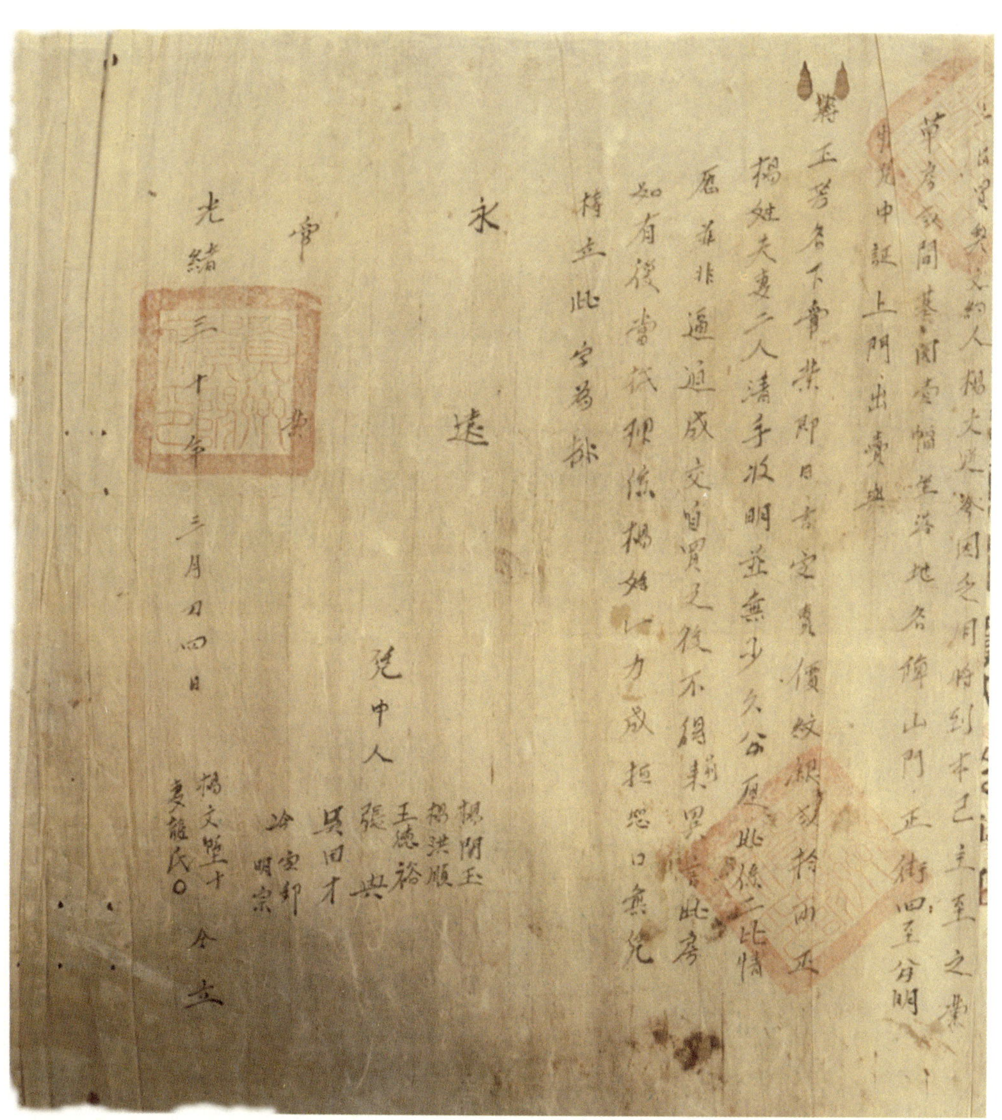
[illegible]賣契文約人楊文選今因乏用將到本己主至之業
草房叁間基闕壹幅坐落地名障山門正街四至分明
請憑中証上門出賣與
蔣玉芳名下承業即日言定賣價紋銀叁拾兩正
楊姓夫妻二人親手收明並無少欠分厘此係二比情
愿並非逼迫成交自買之後不得籍端異言此房
如有從當抵押係楊姓一力承擔口無憑
特立此字為據
永遠
憑中人 楊開玉 楊洪順 王德裕 張興 吳田才 冷雲卿 明宗
[illegible]契
光緒三十年三月廿四日 楊文選 妻龍氏○ 仝 立

断卖契

贵州财政司　为颁发印契，以资信守。照得民国成立，各府州县印信已经更换。民间所有业契与民国印不符，难资信守。今奉都督命令，特制三联契纸，无论业户原契已税未税，俱应一律请领。前清已税买契，产价每拾两纳税银贰角，未税者纳税银伍角；前清已税当契，产价每拾两纳税银壹角，未税者纳税银贰角。从开办之日起，限五个月内，仰各业户从速挂号投税。逾限不投税者，原契作为废纸。其各懔遵毋违，切切！后余空白处，摘录业户原契。至该业户原契，仍粘附于后，加盖骑缝印信合并。饬遵。

立卖约人杨文近，将本名下草房卖与蒋正芳为业，价银贰拾两正（整）。余详原契粘附。

凭中冷明宗等

中华民国二年四月廿九号给

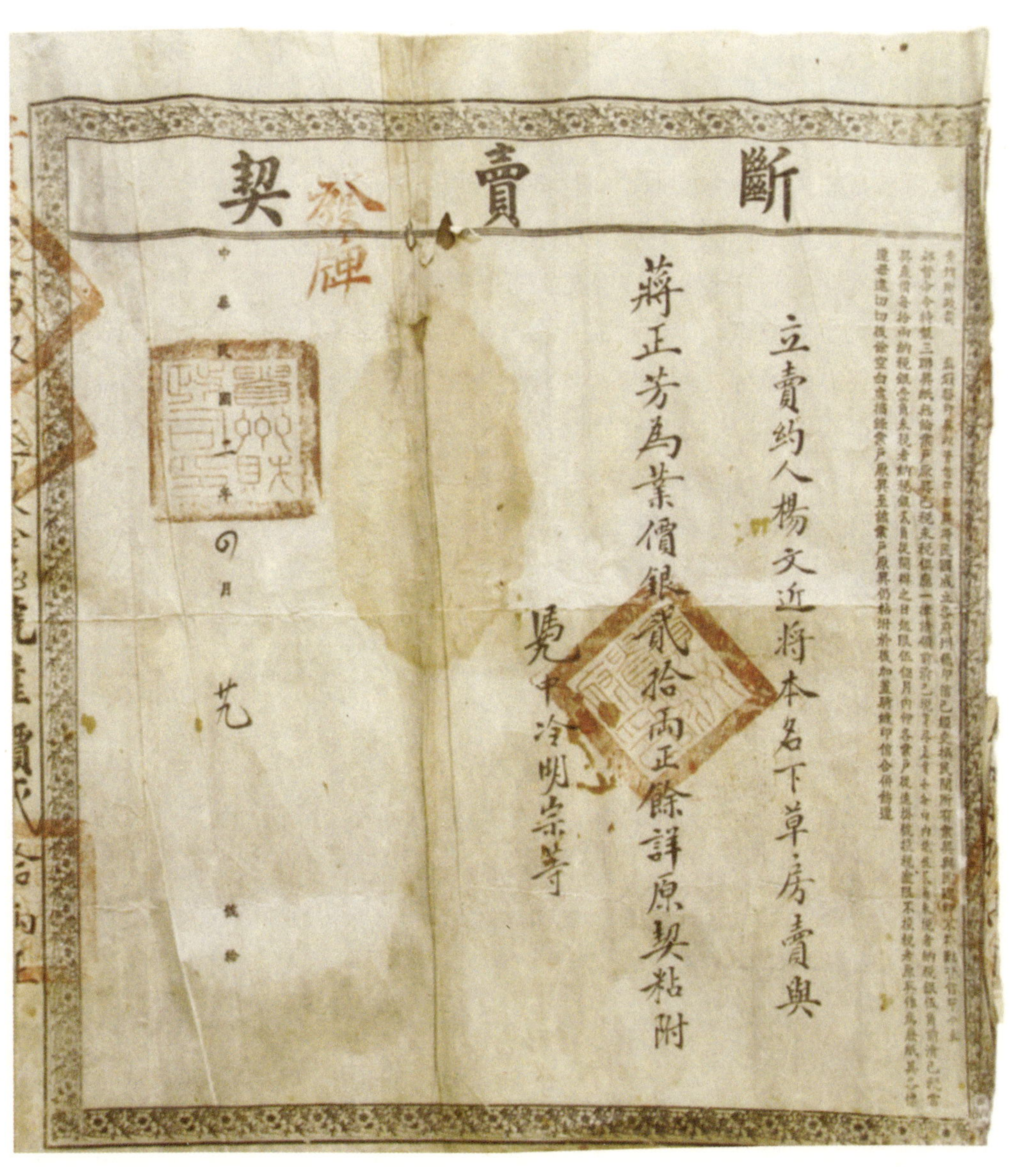

斷賣契

立賣约人楊文近將本名下草房賣與

蔣正芳為業價銀貳拾兩正餘詳原契粘附

憑中冷明崇等

中華民國二年四月 艽

（十八）光绪三十一年（1905年）五月二十六日契文

立出卖草房、地基、园子文约人刘成德仝（同）男弟兄二人等，今因无银使用，自愿将本己所修之房，坐落地名排山门正街，草房壹间、地基园子一大幅，其房前抵街，后抵庙地界，左抵刘姓同柱共业，右抵单姓界，四至分明，并无包占别人寸土在内，门窗、户壁、片石、寸木，一并在内，请凭中证上门，出卖与石起贵大公名下为业。三面议定，时值卖价随市银肆拾贰两正（整），刘姓父子亲手当众收明，并无少欠分厘，亦无私债货物准折。此系二比情愿，并非逼迫成交。自卖之后，任凭石姓子孙安佃住坐，刘姓亲族人等不得前来异言，如有异言，刘姓一力承耽（担），不与买主相干。此房有力不能赎取，无力不能找补。今恐人心不古，特立卖约一纸，永远为据。

外批：刘姓老契牵连未揭，日后揭出，作为故纸。内改“愿”字一字

永远管业

张玉贵

石有禄

马绍尧

吴作清

凭中人　陈炳清　仝（同）押

王春林

赵华堂

蒋学贤

李兴发

代笔人　王树枝

光绪三十一年五月贰十六日　刘成德父子　立

立出賣草房地基園子文約人劉成德弟兄二人等今因無
銀使用自愿將本已所修之房坐落地名排山門正街草房
壹間地基園子一大幅其房前抵街後抵廟地界左抵劉姓同柱
共業右抵卓姓界四至分明並無包佔別人寸土在内門窗戶
壁片石寸木一併在内情憑中証上門出賣與
石起貴大公名下為業三面議定時值賣價隨市股銅拾
弍兩正劉姓父子親手當眾收明並無少欠分厘亦無补
債貨物準折此係二比情愿並非逼迫成交自賣之後任憑
石姓子孫安佃住坐劉姓親族人等不得前來異言如
有異言劉姓一力承耽不與買主相干此房有力不能贖取無
力不能找補今恐人心不古特立賣約一紙永遠為據

外批劉姓老契尋查未揭日後揭出作為故紙內改題字一字

永遠管業

憑中人 張玉貴 石有祿 馬紹堯 吳作清 陳炳清 王春林 趙華堂 蔣學賢 李兵彥 仝押

代筆人 王樹枝

光緒三十一年五月二十六日 劉成德父子 立

断卖契

贵州财政司　为颁发印契，以资信守。照得民国成立，各府州县印信已经更换。民间所有业契与民国印不符，难资信守。今奉都督命令，特制三联契纸，无论业户原契已税未税，俱应一律请领。前清已税买契，产价每拾两纳税银贰角，未税者纳税银伍角；前清已税当契，产价每拾两纳税银壹角，未税者纳税银贰角。从开办之日起，限五个月内，仰各业户从速挂号投税。逾限不投税者，原契作为废纸。其各懔遵毋违，切切！后余空白处，摘录业户原契。至该业户原契，仍粘附于后，加盖骑缝印信合并。饬遵。

立卖契人刘成德等，将本己房业卖与石起贵，价银肆拾贰两正（整）。余详原契粘附。

凭中张玉贵等

中华民国二年四月五号给

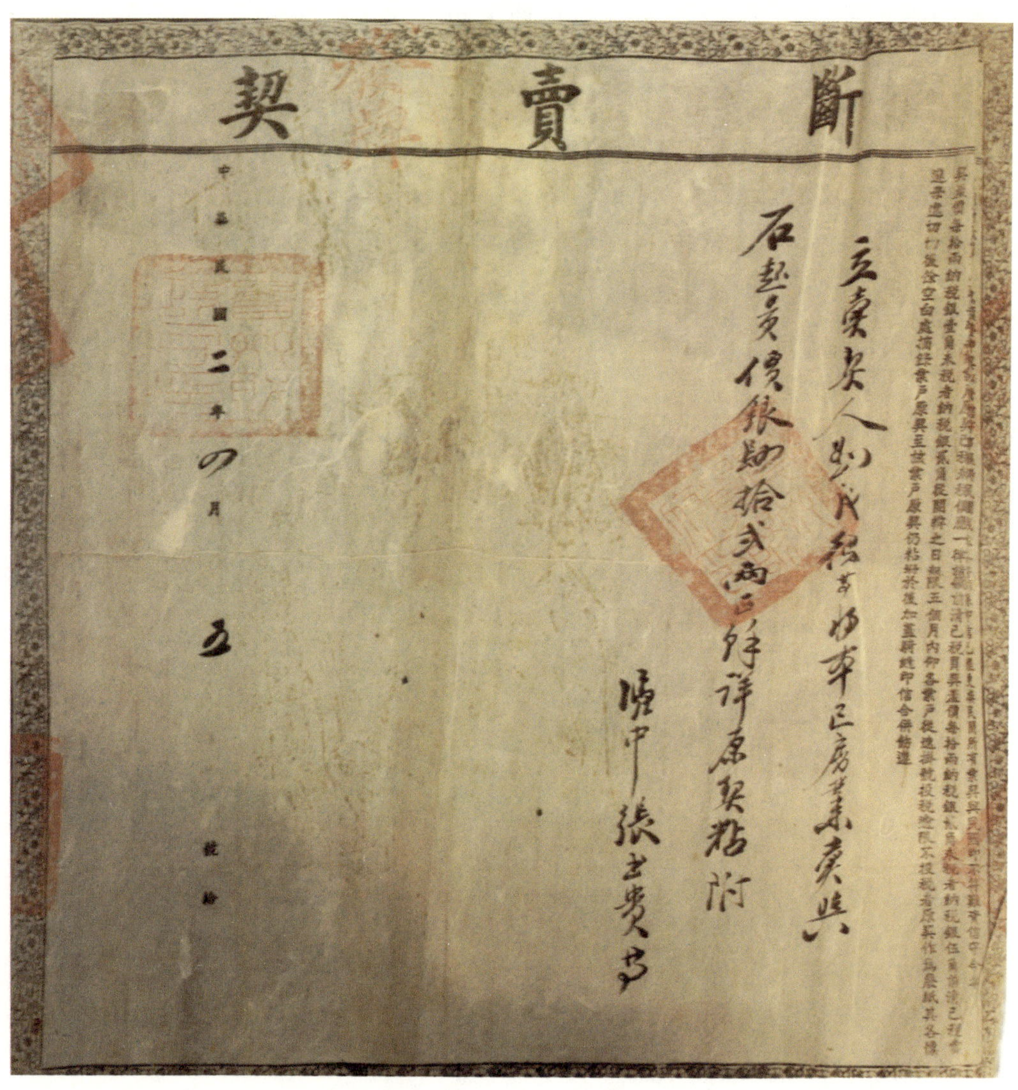

斷賣契

中華民國二年四月五

（十九）宣统二年（1910年）十月初十日契文

立出当约人杨绍模、[杨绍] 祖兄弟二人合商议，今将排珊门正街瓦楼铺面二间出当与徐开莲名下为业。原日三面议定，当价银壹佰贰拾两正（整），内出整价银陆两正（整）。均系票银，亲手收明，并未短少分厘。自当之后，任随徐姓自住或安佃别人，杨姓不得异言。凭中限定伍年为满，至取之日，银到房回，徐姓不得借故推诿。其房如有重当抵押，有（由）杨姓一力承耽（担），不与徐姓之事。此系二彼情愿，并非逼迫成交。恐口 [无] 凭，特立约为据。

当接（揭）交老契陆张

长发其祥

李林仁

傅永清

石起贵

罗玉顺

杨义顺

凭中　罗青云　仝（同）押

马庆丰

周亮臣

李云先

徐显明

戴荣发

张友胜

代笔人　傅竹轩

宣统贰年拾月初拾日　杨绍祖　[杨绍] 模　押立

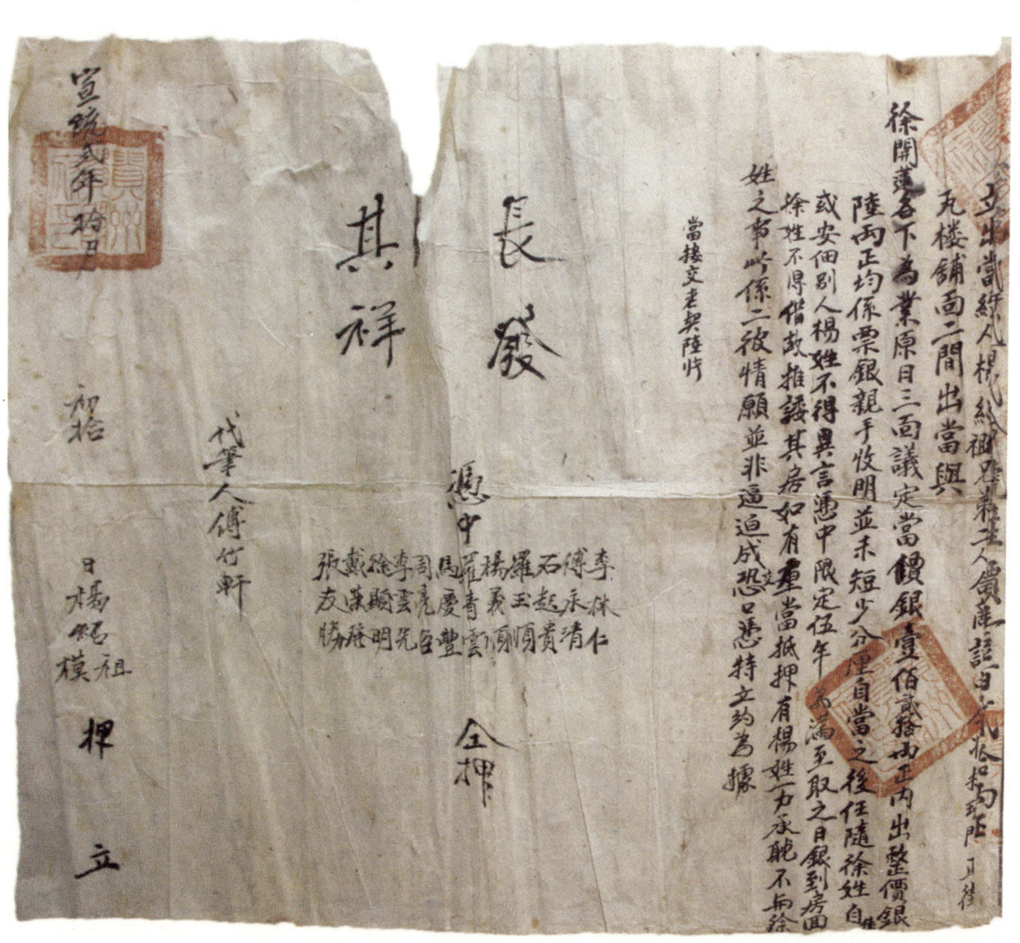
立出當約人楊紹祖[illegible]
瓦樓鋪面二間出當與
徐開蓮名下為業原日三面議定當價銀壹佰貳拾兩正內出整價銀
陸兩正均係票銀親手收明並未短少分厘自當之後任隨徐姓自[illegible]
或安佃別人楊姓不得異言憑中限定伍年為滿至取之日銀到房回
徐姓不得借故推諉其房如有重當抵押有楊姓一力承耽不與徐
姓之事此係二彼情願並非逼迫成交恐口無憑特立約為據
當樓文老契陸件

長發
其祥

憑中 李林仁 傅承清 石起貴 羅玉順 楊義雲 羅青豐 馬慶臣 周亮先 李雲明 徐驥發 戴漢勝 張友
仝押

代筆人傅竹軒

宣統貳年拾月初拾日楊紹祖模 押 立

典　契

贵州财政司　为颁发印契，以资信守。照得民国成立，各府州县印信已经更换。民间所有业契与民国印不符，难资信守。今奉都督命令，特制三联契纸，无论业户原契已税未税，俱应一律请领。前清已税买契，产价每拾两纳税银贰角，未税者纳税银伍角；前清已税当契，产价每拾两纳税银壹角，未税者纳税银贰角。从开办之日起，限五个月内，仰各业户从速挂号投税。逾限不投税者，原契作为废纸。其各懔遵毋违，切切！后余空白处，摘录业户原契。至该业户原契，仍粘附于后，加盖骑缝印信合并。饬遵。

立当约人杨绍模等，将到排珊门正街瓦楼铺面二间当与徐开莲名下为业，价银壹百贰拾两正（整）。余详原契附后。

凭中石起贵等

中华民国二年三月二十五号给

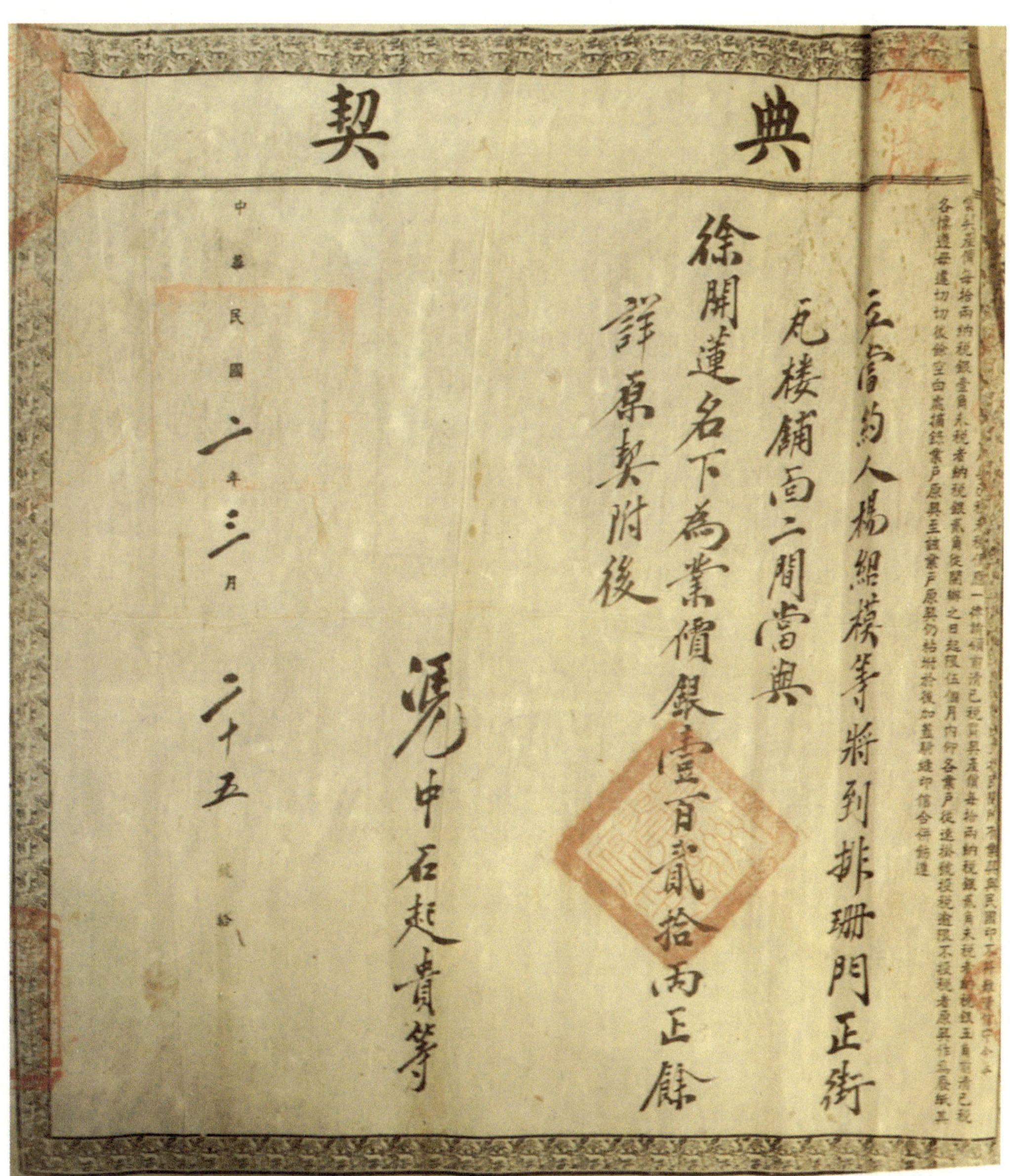

典契

立當約人楊組模等將列排珊門正街瓦樓鋪面二間當與
徐開蓮名下為業價銀壹百貳拾兩正餘
詳原契附後

憑中石起貴等

中華民國二年三月二十五

號給

……每拾兩納稅銀壹角未稅者納稅銀貳角……之日起限伍個月內仰各業戶從速……
各條遵毋違切切 後餘空白處補鈔業戶原契並該業戶原契仍粘附於後加蓋騎縫印信合併飭遵

（二十）宣统三年（1911年）三月初十日契文

立当房文契人罗义顺，今因无银应用，自愿将到祖置次南门外排栅门正街槽门内瓦楼房壹间，四至分明，请凭正上门，出当与吴罗氏名下管业。即日得受当价票银叁拾两正（整），罗姓亲手收明，并未少欠分厘。自当之后，任凭吴姓安佃住坐，罗姓不得异言。其房限定三年为满，银到房回，两无掯勒。此系二比情愿，并非逼迫成交。今五（恐）人心不古，特立当契一纸为据。

外批：三年之外，整价上两次，罗姓任还。

易当易［取］

萧定国

凭中　何幼之　仝（同）押

唐玉廷

代笔　杨玉清

宣统叁年叁月初拾日　罗义顺　亲立

立當房文契人羅義順，今因無銀應用，自愿將到祖置[illegible]門外耕村門王街檯陽内瓦樓房壹間，四至分明，請憑在上，門出當與吴羅氏名下管業，即日得受當價票銀叁拾两正，羅姓親手收明，并未少欠分厘。自當之後，任憑吴姓居住，坐羅姓又得異言。其房限定三年為滿，限到房回，两無措勒，此係二比情愿，并非逼迫成交。今立人心不古，特立當契一紙為據。

外批三年之外照價上兩次四羅姓任还

易當

易[illegible]

憑中 蕭宗周 何納之 唐玉廷 仝押

代筆 魏玉隆

宣統叁年叁月初拾日 羅義順 親立

（二十一）宣统三年（1911年）五月二十三日契文

立卖草房文约人刘老二，今因乏用，无处出办，今将祖业棑（排）山门草房，坐落正街中间草房、地基，前抵街，后抵买主，左抵罗性（姓），右抵买主，请凭中人上门，出卖与石起贵名下承买为业。叁面议定，时价九八色银贰拾二两整，亲手收明，并未少欠分毛。自卖之后，任随买主子孙永远管业，卖主不得异言。若有重当、抵押、轇轕不清等情，卖主一力成（承）耽（担）。此系二比情愿，并非逼迫成交，亦无私债货勿（物）准折。今恐人心［不］古，立契为据。

老契牵连未揭，日后揭出以［为］故纸。

永远管业

　　　廖海清
　　　王兴顺
　　　李盛夏
凭中　张李氏
　　　傅廷贵
　　　郭成安
　　　周易荣
　　　王金爵
代笔　王树枝

宣统叁年五月二十三日　刘性（姓）弟兄二人商议立卖

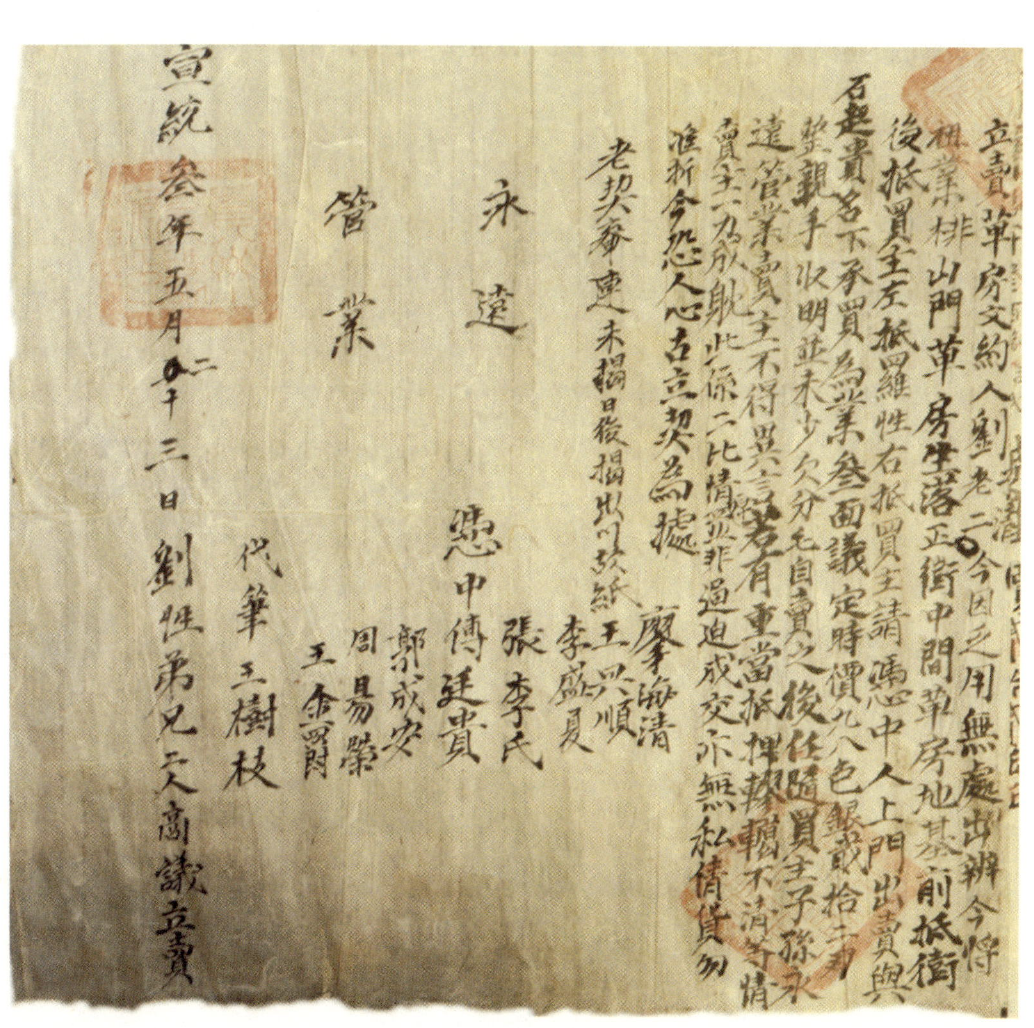
立賣草房文約人劉老二今因乏用無處出辦今將
祖業排山門草房坐落正街中間草房地基前抵街
後抵買主左抵羅維性右抵買主請憑中人上門出賣與
石趣貴名下承買為業叁面議定時價九八色銀貳拾二兩
整親手收明並未少欠分毛自賣之後任隨買主子孫永
遠管業賣主不得異言若有重當抵押轇轕不清等情
賣主一力承耽此係二比情愿非逼迫成交亦無私債貨物
准折今恐人心古立契爲據
老契奔連未揭日後揭出以故紙
廖海清
王只順
李盛夏
張李氏
永遠
憑中 傅廷貴
鄭成安
周易榮
管業
王金爵
代筆 王樹枝
宣統叁年五月二十三日 劉姓弟兄二人商議立賣

断卖契

贵州财政司　为颁发印契，以资信守。照得民国成立，各府州县印信已经更换。民间所有业契与民国印不符，难资信守。今奉都督命令，特制三联契纸，无论业户原契已税未税，俱应一律请领。前清已税买契，产价每拾两纳税银贰角，未税者纳税银伍角；前清已税当契，产价每拾两纳税银壹角，未税者纳税银贰角。从开办之日起，限五个月内，仰各业户从速挂号投税。逾限不投税者，原契作为废纸。其各懔遵毋违，切切！后余空白处，摘录业户原契。至该业户原契，仍粘附于后，加盖骑缝印信合并。饬遵。

立卖房契人刘子清等，将房业卖与石起贵，价银贰拾贰两正（整）。余详原契粘附。

凭中廖海清等

中华民国二年四月五号给

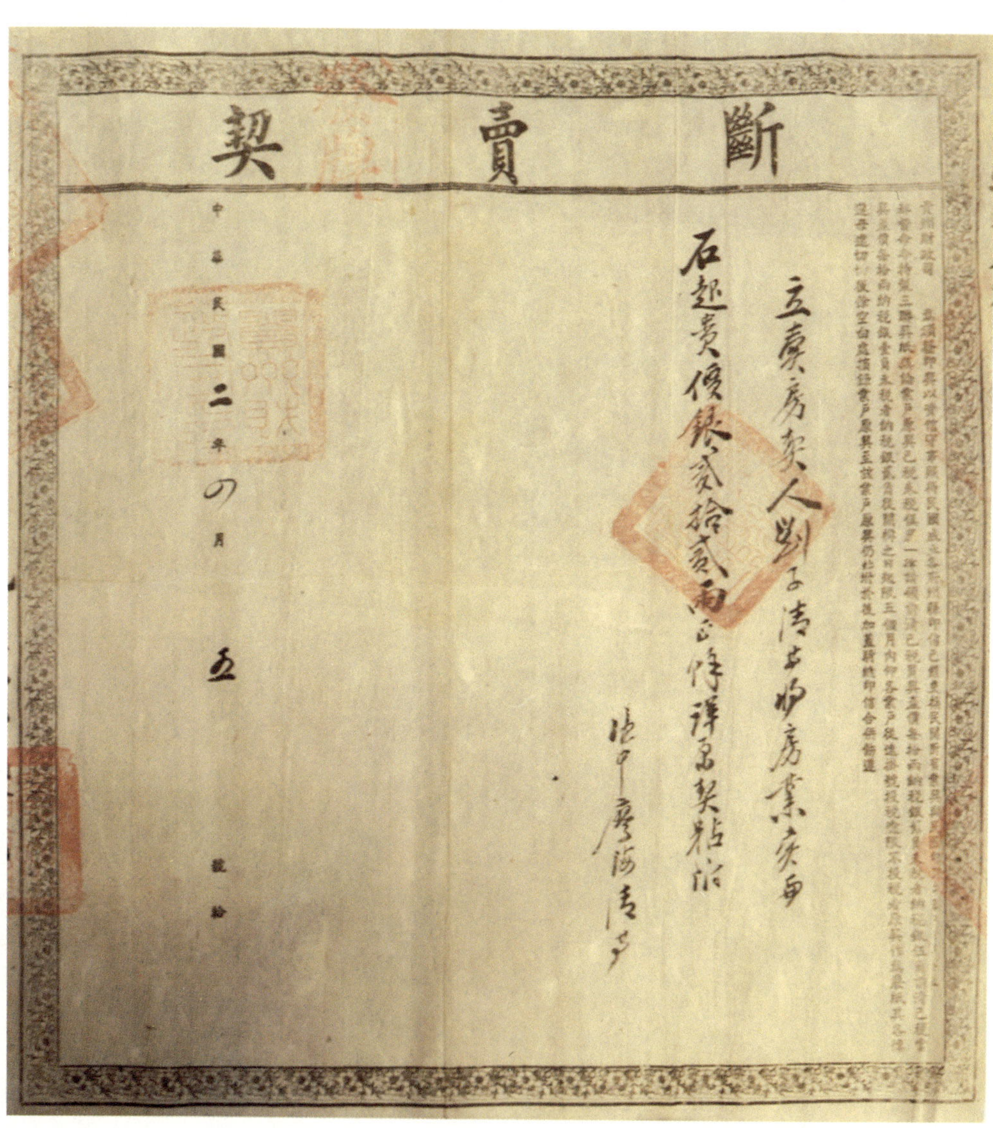

斷賣契

中華民國二年〇月五號給

（二十二）民国元年十月初十日（1912年11月18日）契文

立当约人黄开科，今因要银使用，将到父置之业，坐落排册（杉）门，前抵大街，后抵本己草房，左抵钱局，右抵蒋姓地基，四置（至）分明，请凭中证出当与徐开莲名下管业。三面议定，时值当价票银叁拾伍两正（整），即日当众收明，并未短欠分厘，亦无私债货物准折。自当之后，恁（任）凭徐姓管业安佃自住，倘有黄姓亲族以及异姓人等，不得前来异言，若有异言，惟有黄姓一力承耽（担）。其房限定三年为满，银到房回，两无肯（掯）勒。今恐人心不古，特立当契约为据。

此批：老契二张，揭交徐姓执掌。

易当易取

马庆丰

原中人　钱文富

芝和源

罗义盛

余荣九

凭中人　周质夫　仝（同）在

涂子清

曹森芝

代笔　姬本卿

民国壬子年十月初十日　黄开科　押立

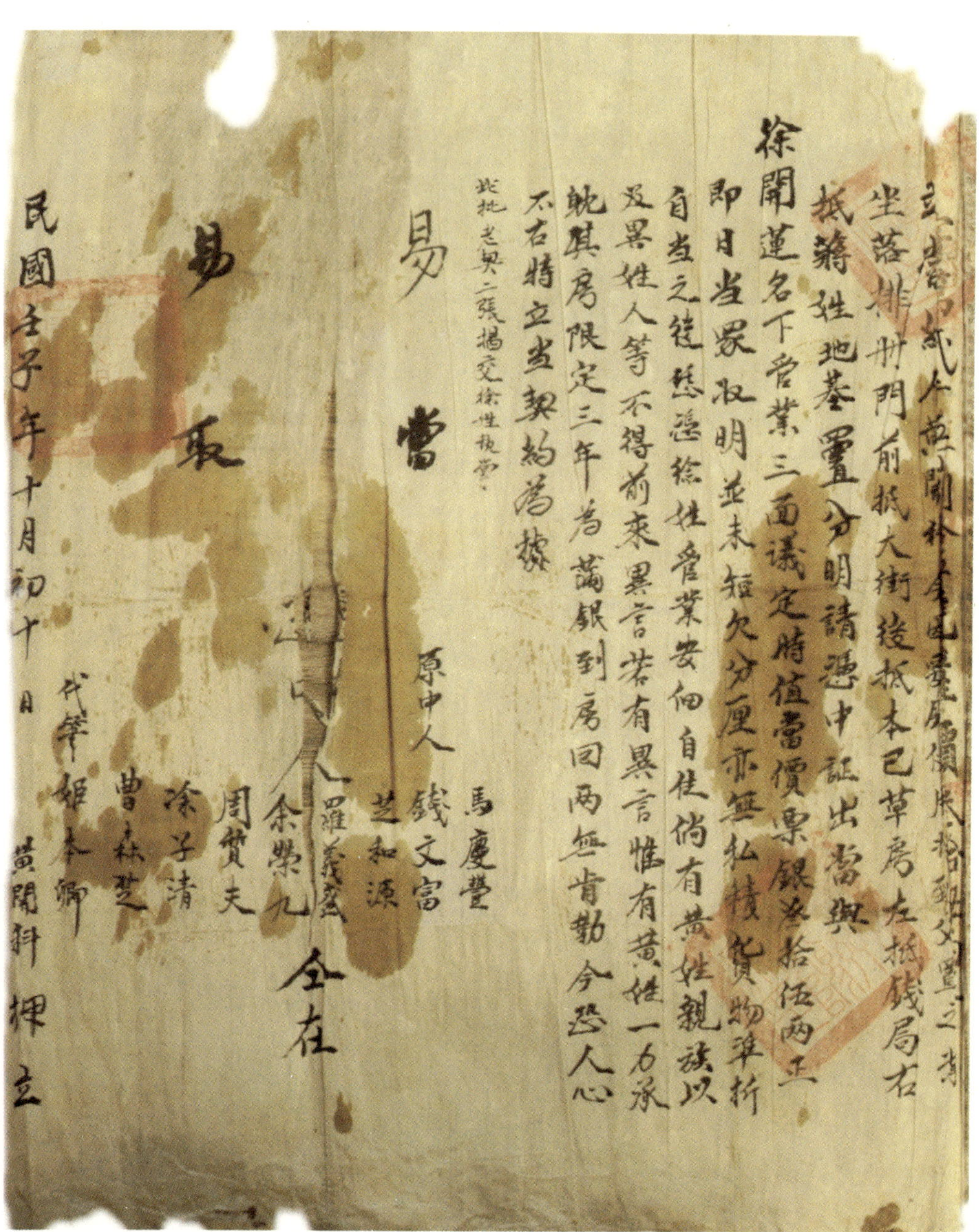
立當□約人黄開科今因[illegible]文置之業坐落排□册門前抵大街後抵本巳草房左抵錢局右抵鄰姓地基釐分明請憑中証出當與

徐開蓮名下管業三面議定時值當價票銀叁拾伍两正即日当衆收明並未短欠分厘亦無私積貨物準折自当之後憑徐姓管業安佃自住倘有黄姓親族以及異姓人等不得前來異言若有異言惟有黄姓一力承耽其房限定三年為滿銀到房回兩無肯勒今恐人心不古特立当契約為據

此批老契二張揭交徐姓執掌

易當

原中人 馬慶豐 錢文富 芝和源 羅義盛 余榮九 周賛夫 涂子清 曹森芝 仝在

易取

民國壬子年十月初十日 代筆 姚本卿 黄開科 押 立

典　契

贵州财政司　为颁发印契，以资信守。照得民国成立，各府州县印信已经更换。民间所有业契与民国印不符，难资信守。今奉都督命令，特制三联契纸，无论业户原契已税未税，俱应一律请领。前清已税买契，产价每拾两纳税银贰角，未税者纳税银伍角；前清已税当契，产价每拾两纳税银壹角，未税者纳税银贰角。从开办之日起，限五个月内，仰各业户从速挂号投税。逾限不投税者，原契作为废纸。其各懔遵毋违，切切！后余空白处，摘录业户原契，至该业户原契，仍粘附于后，加盖骑缝印信合并。饬遵。

立当房契人黄开科，今将父置排杉门房业当与徐开莲为业，价银叁拾伍两正（整）。余详原契粘附。

凭中钱文富

中华民国二年四月二号给

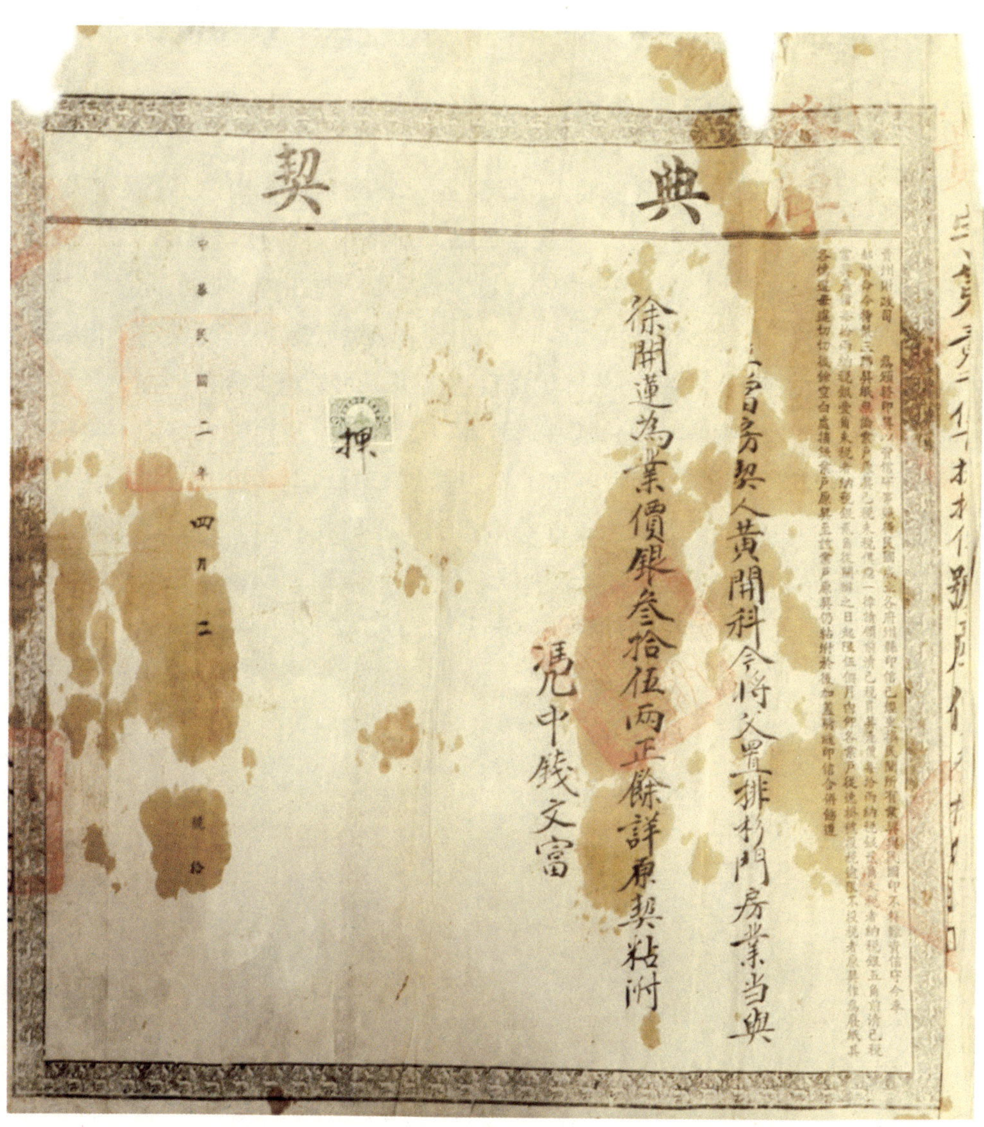

典契

立当房契人黄開科今將父置排杉門房業当與
徐開蓮為業價銀叁拾伍两正餘詳原契粘附
憑中錢文富

押

中華民國二年四月二　號給

（二十三）民国二年三月初六日（1913年4月12日）契文

立永卖房屋地基文约人张德明，今因乏用，将到祖遗次南门外排杉门瓦楼街房贰间、后内坐（住）房叁间、空地基壹幅，前抵街，后抵雪涯硐（洞）墙脚，左抵杨姓，右抵石姓，房舍、天井、瓦片、寸石，一并在内，四至分明，并无侵占他人地土，请凭中证上门，出卖与丹德兴名下永远管业。三面议定，得授卖价贵平纹银壹佰贰拾两正（整），是日凭众亲手收明，并无短少分厘，亦无私债货物准折。自卖之后，任凭单（丹）姓永远管业，张姓亲族及异姓人等，不得前来异言，倘有轇轕不清、重当、抵押各情，卖主张姓一力承耽（担），不与买主相干。画字在内，酒水在外。日后有力不能赎取，无力不能找补。此系二比情愿，并非强迫成交。恐口无凭，特立卖契壹纸为据。

丹有此业老契，前因被灾焚毁，遗失无存，无从揭交，因特声明。添叁字涂改壹字

永远管业

杨天禄

杨隆盛

凭中人　李盛孝　仝（同）押

罗大兴

王德裕

代笔人　李一枝

民国二年三月初六日　张德明　亲立

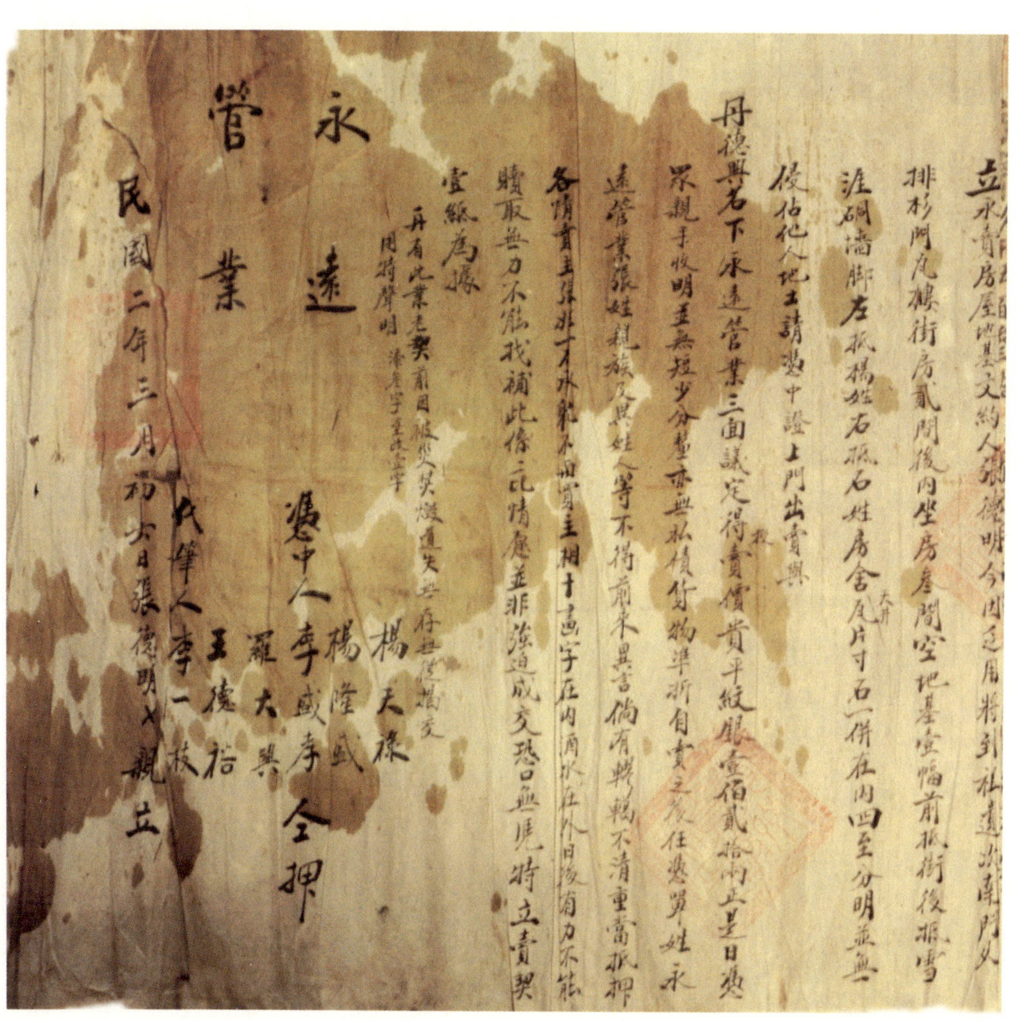

立永賣房屋地基文約人張德明今因乏用將到私遺坐落南門外
排杉門瓦樓街房貳間後內坐房屋閣空地基壹幅前抵街後抵雪
溝硐墻腳左抵楊姓右抵石姓房舍瓦片寸石一併在內四至分明並無
侵佔他人地土請憑中證上門出賣與
丹德興名下永遠管業三面議定得賣價貴平紋銀壹佰貳拾兩正是日憑
眾親手收明並無短少分毫亦無私債貨物準折自賣之後任憑買姓永
遠管業張姓親族及異姓人等不得前來異言倘有轇轕不清重當抵押
各情賣主[illegible]十畫字在內酒水在外日後有力不能
贖取無力不能找補此係二比情願並非強迫成交恐口無憑特立賣契
壹紙為據
再有此業老契前因被火焚燬遺失無存無從撿交
因特聲明

楊天祿
楊隆武
憑中人 李盛李 全押
羅大興
王德佑
代筆人 李一枝
民國二年三月初六日張德明親立

永遠管業

断卖契

贵州财政司　为颁发印契，以资信守。照得民国成立，各府州县印信已经更换。民间所有业契与民国印不符，难资信守。今奉都督命令，特制三联契纸，无论业户原契已税未税，俱应一律请领。前清已税买契，产价每拾两纳税银贰角，未税者纳税银伍角；前清已税当契，产价每拾两纳税银壹角，未税者纳税银贰角。从开办之日起，限五个月内，仰各业户从速挂号投税。逾限不投税者，原契作为废纸。其各懔遵毋违，切切！后余空白处，摘录业户原契。至该业户原契，仍粘附于后，加盖骑缝印信合并。饬遵。

立卖房契人张德明，将到祖遗排山门之业卖与丹德兴为业，价银壹百贰拾两整。余详原契粘附。

凭中李盛孝等

中华民国　　年　　月　　号　　给

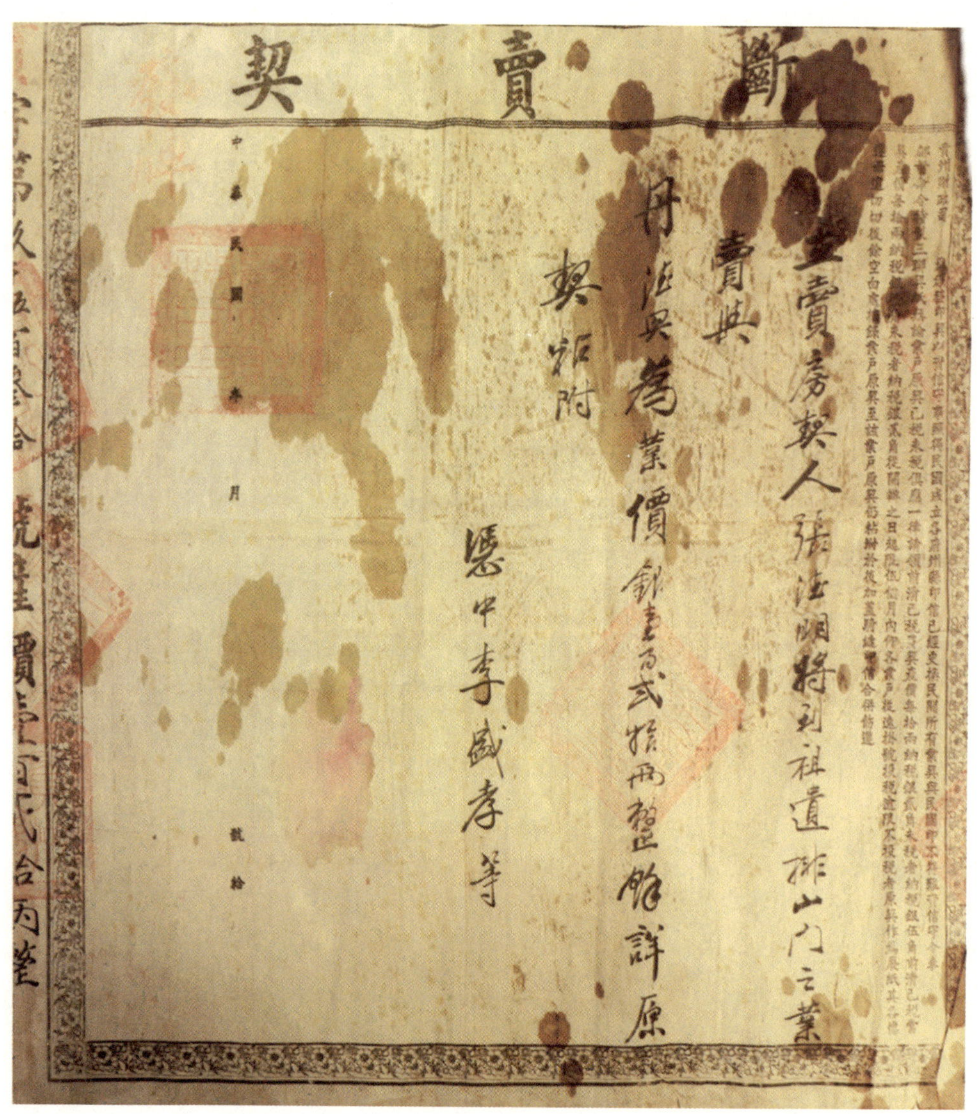

斷賣契

立賣房契人張注明將到祖遺排山门之業

賣與

丹注興爲業價銀壹百弍拾兩整的詳原

契據附

憑中李盛孝等

中華民國 年 月 號給

（二十四）民国二年三月二十四日（1913年4月30日）契文[1]

断 卖 契

贵州财政司　为颁发印契，以资信守。照得民国成立，各府州县印信已经更换。民间所有业契与民国印不符，难资信守。今奉都督命令，特制三联契纸，无论业户原契已税未税，俱应一律请领。前清已税买契，产价每拾两纳税银贰角，未税者纳税银伍角；前清已税当契，产价每拾两纳税银壹角，未税者纳税银贰角。从开办之日起，限五个月内，仰各业户从速挂号投税。逾限不投税者，原契作为废纸。其各懔遵毋违，切切！后余空白处，摘录业户原契。至该业户原契，仍粘附于后，加盖骑缝印信合并。饬遵。

立卖契人王德裕，将到自置牌山门房业，请凭中证出卖与沈荣昌名下为业，价银肆拾两整，亲手收明。余详原契粘附。

凭中人向子祥等

民国二年三月二十四号给

① 此契约只有新契无老契。

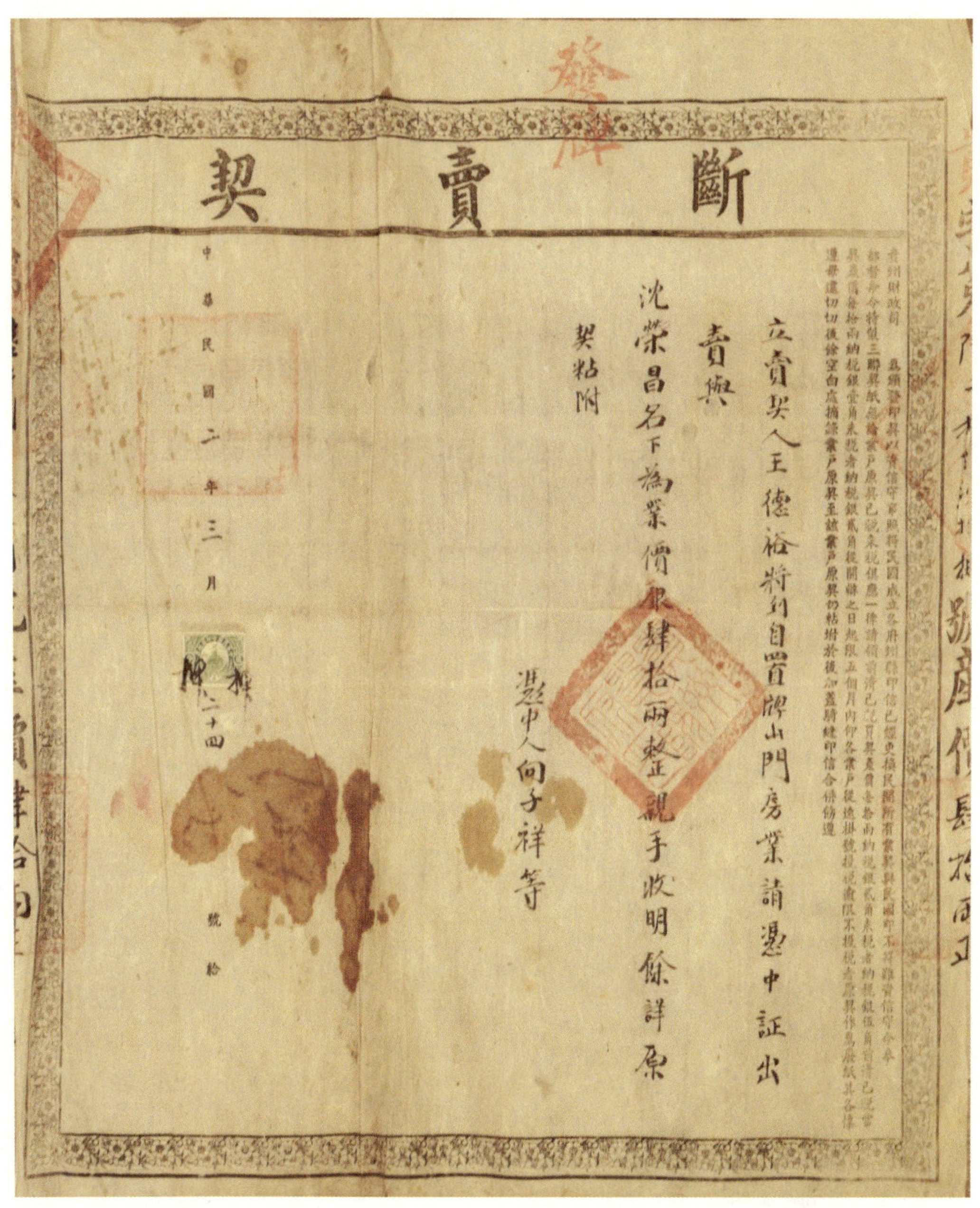

断卖契

立賣契人王德裕將到自置牌山門房業請憑中証出
賣與
沈榮昌名下為業價銀肆拾兩整正親手收明餘詳原
契粘附

憑中人向子祥等

中華民國二年三月二十四號給

（二十五）民国二年四月初十日（1913年5月15日）契文

立当瓦楼房文契人罗大兴，今将本己得置次南门排珊门街瓦楼房壹间，特凭街邻中证出当与曹柏新名下。三面言定，得受当价票银肆拾两正（整），即日亲手收明，并未少欠分厘，亦无私债货物准折。自当之后，任凭曹姓安佃，罗姓亲族以及异姓人等不得异言。其房不拘远近，赎取银到房回，两无捐勒。二比情愿，并非强成。恐口无凭，立当瓦楼房文契为据。

袁鑫顺

马庆峰

凭中人　杨德胜　仝（同）在

谢庚臣

向子祥

余荣九　笔

中华民国贰年岁次癸丑肆月初十日　罗大兴　立

立當瓦樓房文契人羅大興，今將本己得置次南門松柵門街瓦樓房壹間，請憑街鄰中證出當與曾柏發名下，三面言定得受當價票銀肆拾兩正，即日親手收明，并未少欠分厘，此是私債貨物準折，自當之後，憑曾姓每個羅姓親族以及異姓人等不得異言，其房不拘遠近贖取，銀到房回，兩無推勒，二比情願，並無強成，恐口無憑，立當瓦樓房文契爲據。

憑中人　袁鑫收　馬慶華　楊隆勝　謝康臣　向子祥　余紫九筆　仝在

中華民國貳年歲次癸丑七四月初十日　羅大興十　立

（二十六）民国三年二月初十日（1914年3月6日）契文

立当瓦楼铺房文契人陈丹氏、孟丹氏，今因丹支氏病故，无银安葬应用，姊妹商议，经凭街邻将到丹支氏夫手置之业，坐落地名次南门外排珊门街，瓦楼铺房壹间，前抵街，后抵空地基一幅公（共）仝（同）共用，左抵石姓，右抵丹姓共业，四至分明，并无包占别人寸土在内，请凭原证上门，出当与徐春和名下为业。三面言定，得售当房价票银陆拾两正（整），是日凭众陈丹氏、孟［丹氏］亲手收足，并无少欠分厘，亦无私债准折等情。自当之后，认（任）随徐姓安佃管业，丹姓亲族以及异姓等不得前来异端生兹（滋），如有此情，为陈丹氏、孟丹氏姊妹一力承耽（担），不以（与）徐姓相干。其房限至叁年为满，银到房回，两无掯勒。此系二比情愿，并无逼迫等弊。今恐人心不古，特立当房契壹字（纸）为据。

并交老契税契壹张，连新契共贰张，揭交徐姓执掌。内添叁字又添四字共七字

易当易赎

原证 刘希芝

支和顺

支和源

朱沛霖

凭中人 马庆丰 仝（同）押

罗大兴

杨绍祖

黄仲英

王吉之 笔

民国甲寅叁年阴历贰月初十日 陈丹氏 孟［丹氏］ 立

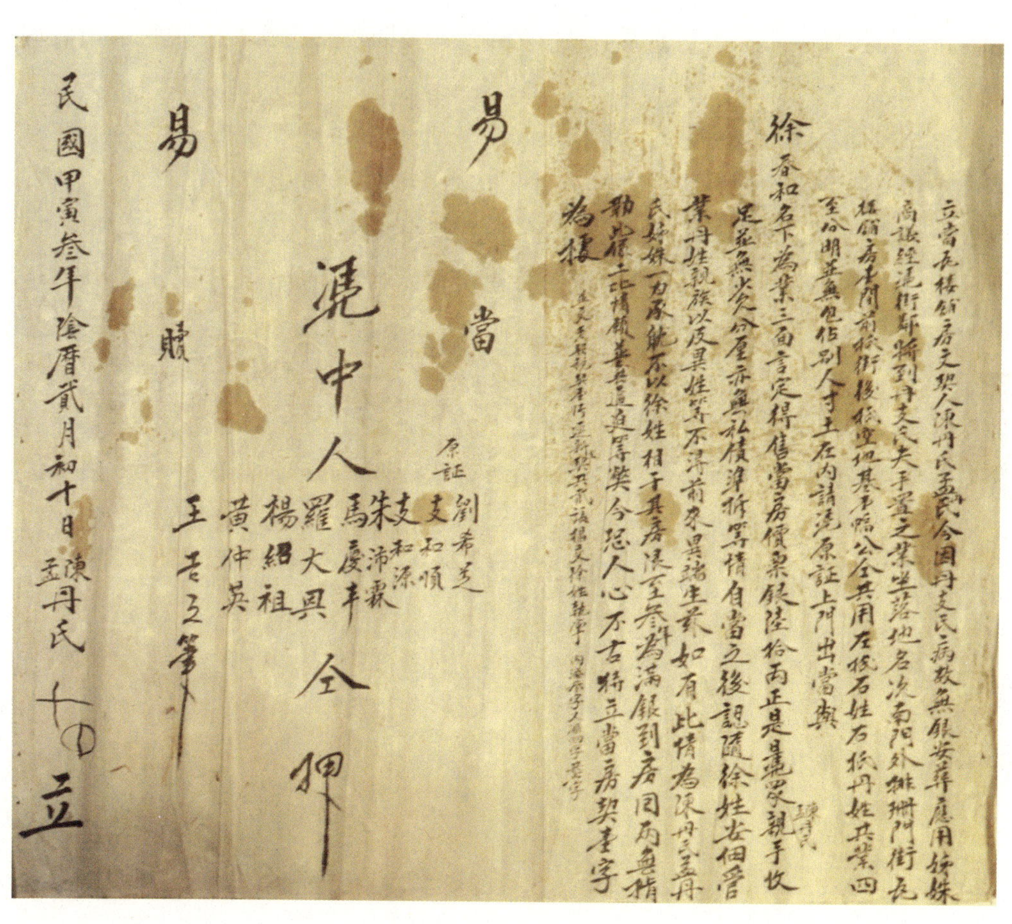
立當房樣舖房之契人陳丹氏孟氏今因丹支氏病故無銀安葬應用姊妹
商議經憑街鄰將到丹支氏夫手置之業坐落地名次南門外排柵門街房
樣舖房壹間前抵街後抵空地基平幅公仝共用左抵石姓右抵丹姓共業四
至分明並無包佔別人寸土在內請憑原証上門出當與
徐
香和名下為業三面言定得當房價泉銀陸拾兩正是陳孟氏憑衆親手收
足並無少欠分釐亦無私債準折等情自當立後認隨徐姓安佃管
業丹姓親族以及異姓等不得前來異端生枝如有此情為陳丹氏孟丹
氏姊妹一力承擔不以徐姓相干其房限至叁年為滿銀到房回兩無猜
勒肯二比情願並無逼迫等弊今恐人心不古特立當房契壹字
為據
[illegible]

易　當

憑中人　原証　劉希英　支和順　朱沛霖　支和源　馬慶豐　羅大興　楊紹祖　黃仲英　仝　押

易　贖

王吉之筆

民國甲寅叁年陰曆貳月初十日　陳孟丹氏　十　立

（二十七）民国三年二月二十五日（1914年3月21日）契文

立当瓦楼铺房文契人孟丹氏、陈［丹氏］，今因丹支氏亡故，无银应用安葬，姊妹商量，将到丹支氏夫丹德馨手置之业，坐落地名排珊门街，瓦楼铺房壹间，前抵街，后抵空坝公（共）仝（同）出入，左抵徐姓共业，右抵丹姓之空坝公与壁脚为界，四至分明，并无包占别人寸土在内，请凭原证街邻上门，出当与董洪顺公名下管业。三面言定，得授当房价票银叁拾柒两正（整），是日孟丹氏、陈［丹氏］姊妹亲手足收应用，不得短少分厘，亦无私债准折。自当之后，认（任）随董姓安佃管业，丹姓亲族与（以）及异姓等，不得前来异论生端等情，如有此情，为孟丹氏、陈［丹氏］姊妹一力承耽（担），不与董姓相干。其房不拘远近，随到赎取，银到房回，两无掯勒。此系二比愿情，并无逼迫交语。今恐人心不古，特立当契壹张为据。

此业老契牵连，徐姓执掌。内添一字

外批：壹年不满赎取，照房租认息；满壹年之外，赎取不能认息。

易当易赎

原证 支和元

杨裕顺

马庆丰

凭中证人 罗义顺 仝（同）在

支和顺

徐春和

刘希之

王吉之 笔

民国叁年岁次甲寅阴历贰月贰拾伍日 孟丹氏 陈［丹氏］ 立

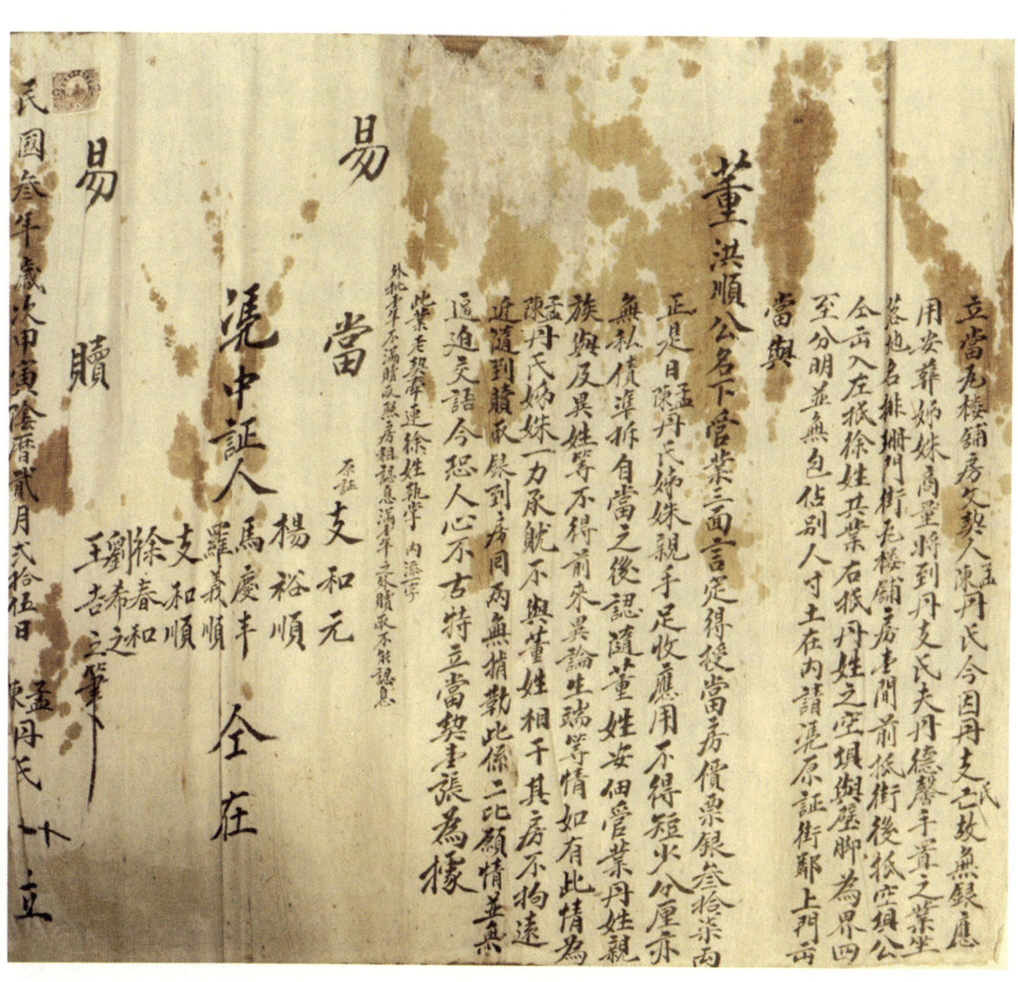

立當瓦樓鋪房文契人陳孟丹氏今因丹支氏亡故無銀應
用安葬姊妹商量將到丹支氏夫丹德馨手置之業坐
落地名排柵門街瓦樓鋪房壹間前抵街後抵空壩公
仝出入左抵徐姓其業右抵丹姓之空壩與壓腳為界四
至分明並無包佔別人寸土在內請憑原証街鄰上門當
與
董洪順公名下管業三面言定得受當房價票銀叁拾柒兩
正是日陳孟丹氏姊妹親手足收應用不得短少分厘亦
無私債準折自當之後認隨董姓安佃管業丹姓親
族與及異姓等不得前來異論生端等情如有此情為
陳孟丹氏姊妹一力承耽不與董姓相干其房不拘遠
近隨到贖取繳到房同兩無措勒此係二比願情並無
逼迫交語今恐人心不古特立當契壹張為據

此業老契每連徐姓執掌 內添字
外批十年不滿贖取照房租認息滿十年之外贖取不能認息

易當

原証 支和元
楊裕順
憑中証人 馬慶豐 仝在
羅義順
支和順
徐春和
劉希之
王吉之筆

易贖

民國叁年歲次甲寅陰曆貳月弍拾伍日 陳孟丹氏 十 立

（二十八）民国三年五月初八日（1914年6月1日）契文

立转当草房文契人周姚氏、倪［姚氏］，为因双亲已亡，所遗之业无人照料，姊妹相商，特将出当。其业坐落地名排珊门，草房叁间，天井、园圃在内，前抵街，后抵学堂墙脚，左抵何姓业，右抵罗姓业，四至分明，请凭中上门，姊妹立字，出转当与何海清名下为业。原日三面议定，得授当价九［色］银柒拾伍两整，姊妹二人亲手揭明应用，并未少欠分厘，亦无私债货物折扣。自转当后，任随何姓租佃、自坐（住）管业，亲戚旁人不得前来异言，如有异言，系周姚氏、倪［姚氏］姊妹二人承耽（担）。内除整价拾柒两，当下兑银伍拾捌两，限期拾贰年为满。期满后，姊妹将到柒拾伍银赎，银到业回，何海清不得异言扭（阻）拦。如期满之后不能赎取，外修整价另批纸上。此系二比情愿，并非逼迫成交。今恐人心不古，特立此转当文约成据。

长发其祥

外批：

当下揭老契壹张，何姓执掌。其所长当之银系作姚姓历年整价以及尹姓借钱。

圆（原）中人　罗君义顺

余君荣九

杨君隆胜

马君庆峰

凭中人　李君云章

王君云青

郑馨斋　代笔

倪君兴臣

民国甲寅年五月初八日　周姚氏　倪［姚氏］　立

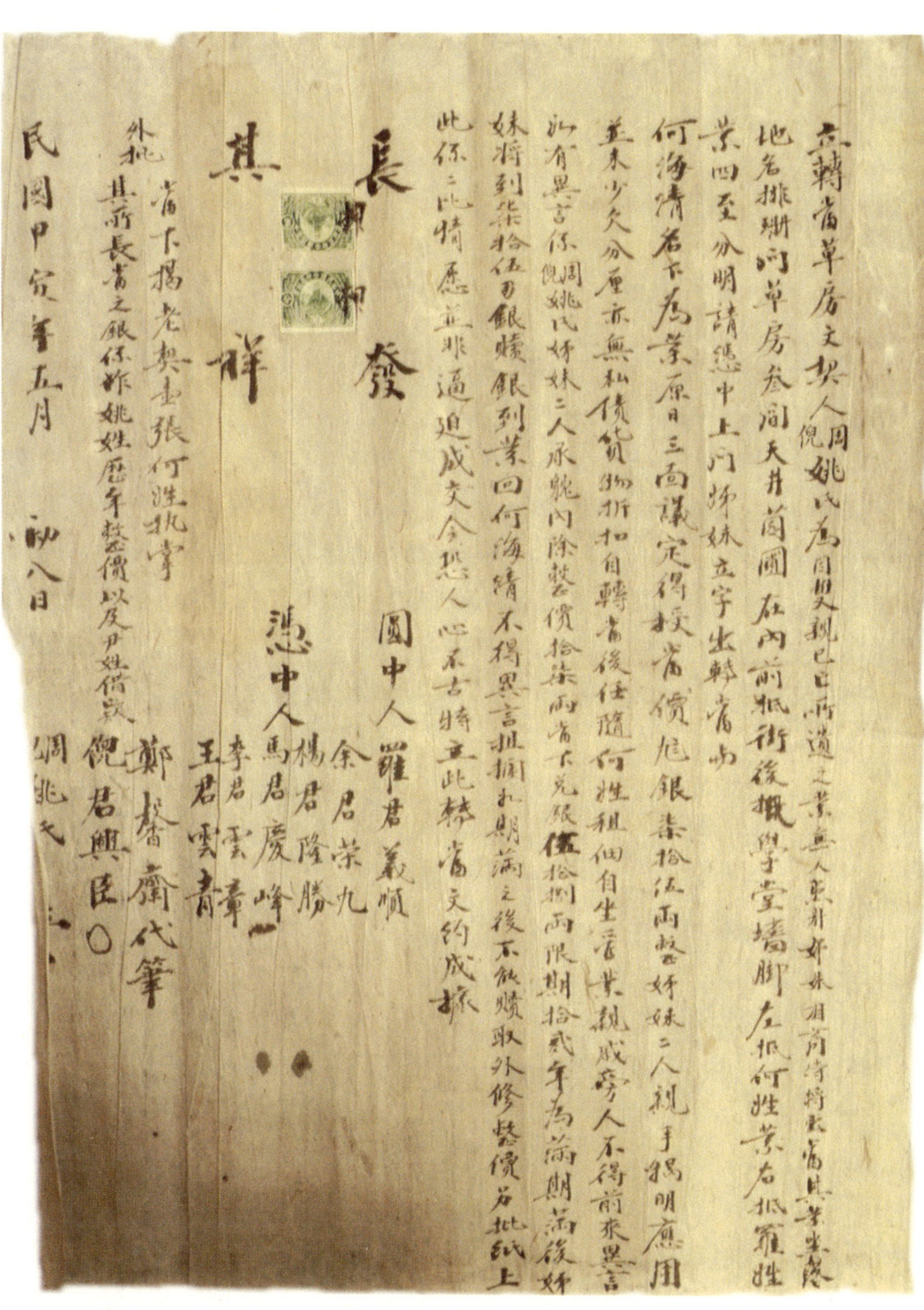

立轉當草房文契人周倪姚氏為因夫親已亡所遺之業無人更并姊妹相商情將此當其業坐落
地名排栅門草房叁間天井菌園在內前抵街後抵學堂墻脚左抵何姓業右抵羅姓
業四至分明請憑中上門姊妹立字出轉當與
何海清名下為業原日三面議定得授當價𠆸銀柒拾伍兩整姊妹二人親手領明應用
並未少欠分厘亦無私債貨物折扣自轉當後任隨何姓租佃自坐管業親戚旁人不得前來異言
如有異言係周倪姚氏姊妹二人承耽內除整價拾柒兩當不兑張伍拾捌兩限期拾貳年為滿期滿後姊
妹將到柒拾伍兩銀贖銀列業回何海清不得異言扯掴如期滿之後不能贖取外修整價另批紙上
此係二比情愿並非逼迫成交今恐人心不古特立此轉當文約成據

長發其祥

圖中人　羅君義順　余君榮九　楊君隆勝

憑中人　馬君慶峰　李君雲章　王君雲青

外批　當下揭老契壹張何姓執掌
其所長當之銀係亦姚姓歷年整價以及尹姓借款

鄭馨齋代筆

倪君興臣

民國甲寅年五月初八日　周倪姚氏立

（二十九）民国五年十一月十八日（1916年12月12日）契文

立转当瓦楼房文契人曹柏新，今将本己得当罗大兴次南门外排珊门街瓦楼房壹间，特凭街邻中证转当与杨佐臣名下。三面言定，得受当价票银肆拾两正（整），即日亲手收明，并未少欠分厘，亦无私债货物准折。自当之后，任凭杨姓安佃、住坐，曹姓亲族以及异姓人等不得争论异言，若有轇轕不清，曹姓一力承耽（担），不与杨姓相涉。其房曹姓限定叁年满限，若上首业主赎取，不拘远近。倘上业主未及叁年赎取，当时杨姓所用酒席银曹姓承认，不得异言。恐口无凭，立转当瓦楼房文契为据。

计揭当契壹张，交杨姓收执。

凭姓字

姚义发

杨荣卿

凭中人　马庆峰　仝（同）在

徐春和

陈炳清

余荣九　笔

民国伍年岁次丙辰阴历拾壹月拾捌日　曹柏新　立

立轉當瓦樓房文契人曹柏新，今將本己得當羅大興次南門外排柵門街瓦樓房壹間，特憑街隣中証轉當與楊佐臣名下，三面言定得受當價票銀肆拾伍元，即日親手收明，並未少欠分釐。本系私債貨物準折，自當之後，憑楊姓安佃住坐，曹姓親族及異姓人等不得異論異言。若有轇轕不清，曹姓一力承耽，不與楊姓相涉。其房曹姓限定叁年滿限，若上首業主贖取，不拘遠近。倘上業主未及叁年贖取者，咐楊姓所用酒席銀曹姓承認，不得異言。恐口無憑，立轉當瓦樓房文契為據。

計楊姓契壹紙交楊姓收執

隨押字

憑中人　姚義盛　楊紫卿　馬襄卿　徐魯和　陈炳清　全在

余紫九筆

民國伍年歲次丙辰陰歷桂月拾捌日　曹柏新　＋　立

（三十）民国六年二月十六日（1917年3月28日）契文

立当瓦楼房文契人罗大兴，今将本己得置次南门排珊门街瓦楼房壹间，特凭街邻中证出当与何海清名下。三回（面）言定，得受当价票银肆拾两正（整），即日亲手收明，并未少欠分厘，亦无私债货物准折。自当之后，任凭何姓安佃，罗姓亲族以及异姓人等不得异言。其房不拘远近赎取，银到房回，两无掯勒。二比情愿，并非强成。恐口无凭，立当瓦楼房文契为据。

计揭当契贰张，交何姓执掌。

何少庭　代笔

凭中人　董伯轩　王金脚　舒子清　吴云臣　仝（同）在

中华民国陆年贰月拾陆日　罗大兴　立

立當瓦樓房文契人羅大興今將本己得置次南門撇珊瑚街瓦

樓房壹間特憑街鄰中証出當與

何海清名下三面言定得受当價票銀肆拾兩正即日親手收明

並未少欠分厘亦無私債貨物準折自當之後任憑何姓安佃

羅姓親族以及異姓人等不得異言其房不拘遠近贖取銀到房回

兩無措勒二比情愿並非逼成恐口無憑立当瓦樓房文契爲據

計揭當契貳張交何姓執字

何少庭代筆

憑中人 董伯軒 王金卿 舒子清 吳雲臣 仝在

中華民國陸年貳月拾陸日 羅大興十

（三十一）民国六年闰二月十五日（1917年4月6日）契文

立卖草房文契人石起贵仝（同）男有先，今因手中空乏，将到祖自置之业，坐落地名排杉门正街，共计草房大小贰间、地基贰间、后面土园壹大幅，墙院、片石一并在内，前抵正街为界，后抵师范学校墙院为界，左抵罗姓墙院为界，右抵单姓地基为界，四至分明，父子商议，请凭中证上门，出卖与苏炳先名下为业。是日三面议定，得授卖价贵平色银玖拾叁两正（整），当日父子亲手收清，并无少欠分厘。自卖之后，任随苏姓改修、安佃管业，石姓亲族以及异外人等不得前来争论。其房如有从（重）当、抵押以及私债货物轇轕不清等情，有（由）石姓一力承耽（担），不与苏姓相干。此系二比情愿，并非逼迫成交。恐口无凭，特立此卖约为据。

永远管业

袁鑫顺　陈炳清

罗义顺　黄仲英

凭中人　周质夫　傅廷贵　仝（同）押

邹锦臣　蒋云先

马庆丰　李炳臣

段华丰　高炳先

原中人　吴云臣

代笔人　吴德新

民国丁巳年闰贰月拾伍日　立

立賣草房文契人石起貴仝男有先今因手中空乏
將到祖自置之業坐落地名排杉門正街共計
草房大小貳間地基貳間後面土園壹大幅墻
院片石一並在內前抵正街為界後抵師範學校
墻院為界左抵羅姓墻院為界右抵覃姓地基為界
四至分明父子商議請憑中証上門出賣與
蘇炳先名下為業是日三面議定得授賣價貴平色
銀玖拾叁兩正當日父子親手收清並無少欠分厘　押
自賣之後任隨蘇姓改修安佃管業石姓親族以
及異外人等不得前來爭論其房如有從中當抵
押以及私債貨物轇轕不清等情有石姓一力
承耽不與蘇姓相干此係二比情願並非逼迫
成交恐口無憑特立此賣約為據

永遠管業

憑中人　袁鑫順　陳炳清　羅義順　黃仲典　周質夫　傅廷青　郭錦臣　蔣雲先　馬友堂　李炳臣　殷奉堂　高炳先　仝押

原中人吳雲臣
代筆人吳德新

民國丁巳年閏貳月拾伍日　十〇立

新买契

买主姓名	不动产种类	坐落	面积	四至				卖价	应纳税额	原契几张	立契年月日
苏炳先	草房地基土	排杉门正街	四间一大幅	东至前抵正街	南至后抵师范学校墙	西至左抵罗姓	北至右抵单姓	玖拾叁两税银伍两伍钱捌分库平折合洋捌元叁角柒仙			民国丁巳年又二月十五日

卖主　石起贵等

中人　李炳臣等

中华民国六年九月廿四日给

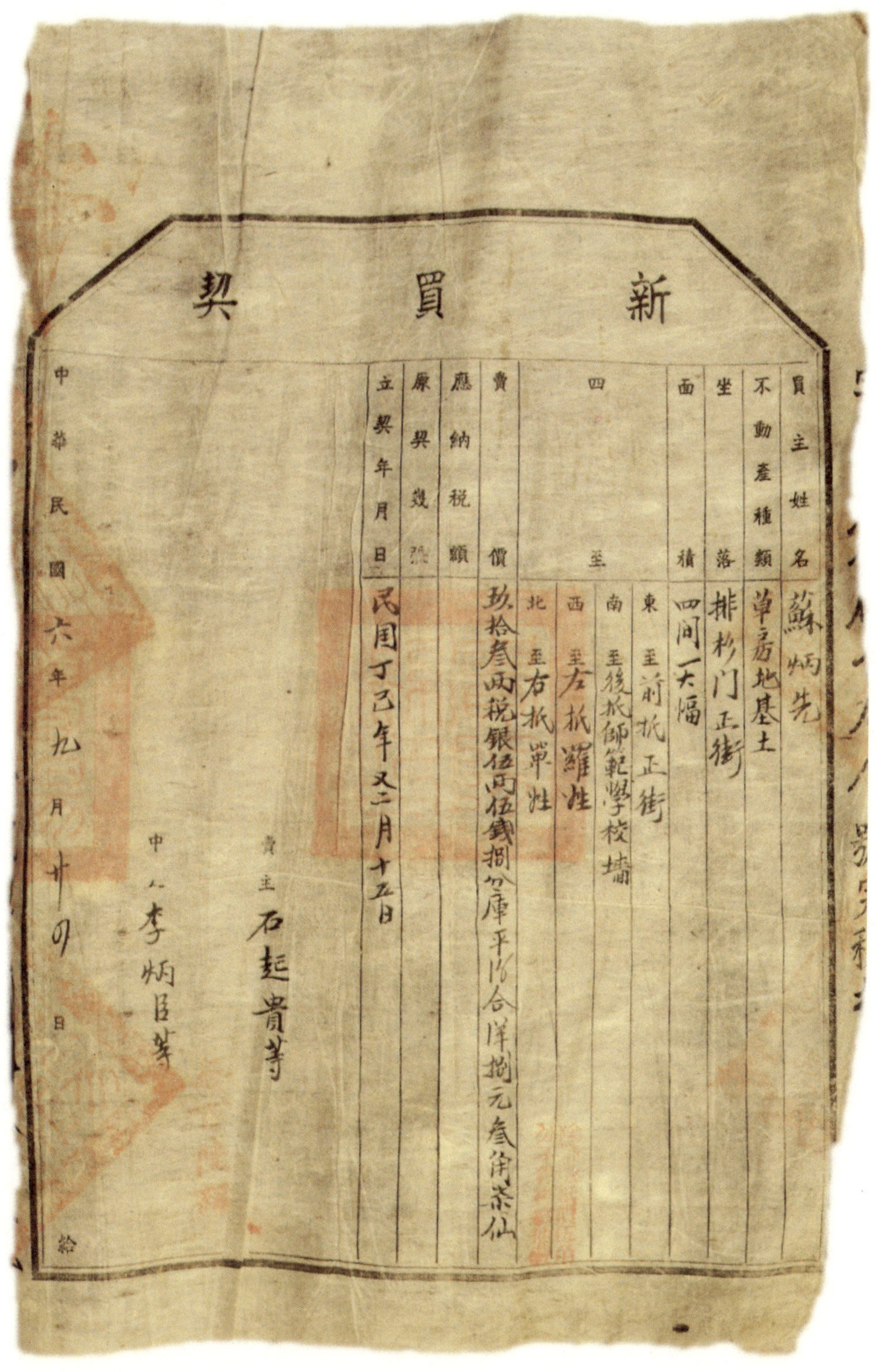

新買契

買主姓名	蘇炳先
不動產種類	草房地基土
坐落	排杉门正街
面積	四间一大幅
四至	東至前抵正街 南至後抵師範學校墻 西至右抵羅姓 北至右抵單姓
賣價	玖拾叁兩稅銀伍兩伍錢捌分庫平16合洋捌元叁角茶仙
應納稅額	
原契幾號	
立契年月日	民国丁巳年又二月十五日

賣主 石起貴 等

中人 李炳臣 等

中華民國六年九月廿四日給

（三十二）民国六年六月十五日（1917年8月2日）契文

立当瓦楼房文契人苏炳轩，今因无银使用，无处出使，将到本己所买之业，座（坐）落地名牌山门，苏炳轩新起瓦楼房铺面二间、坐（住）房二间、后面大小二间、天井周微（围）一并在内，前面抵街，后面抵师范学校，左抵罗姓墙脚，右抵单姓地基为界，四至分明，请凭中上门，出当与国绍礼名下为业。是日三面议定，实值当价九色银壹佰两整，清（亲）手收明，并未少欠分厘。自当之后，言定每月每两行息壹分五厘照算，如有息银不清任随国姓扒佃另安，苏姓不得异言。其业定壹年满期，满斯（期）之日，银到契回，两物（无）掯勒。若有重当、抵押以及较（镠）轕不清、账项不明等情，苏姓一力承耽（担），不干国姓相干。恐口无凭，立当契为据。

后批：百契壹张，揭交存押，此业时当干任。

凭中人　国玉清
　　　　国玉先
　　　　李云清
　　　　国子云

代笔人　袁鑫顺

民国丁巳年六月十五日　立

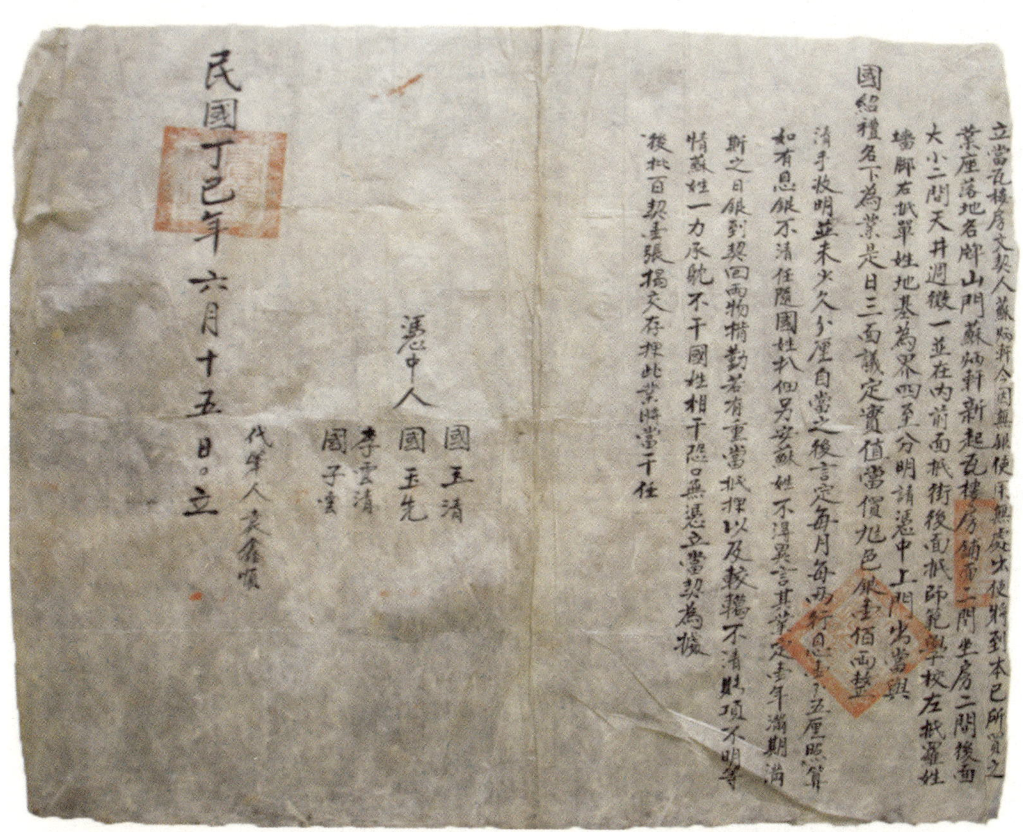

立當瓦樓房文契人蘇炳新今因無銀使用無處出備將到本已所買之
業座落地名腳山門蘇炳軒新起瓦樓房鋪面二間生房二間後面
大小二間天井過徵一並在內前面抵街後面抵師範學校左抵羅姓
墻腳右抵單姓地基為界四至分明請憑中上門出當與
國紹禮名下為業是日三面議定實值當價九色銀壹佰両整
清手收明並未少欠分厘自當之後言定每月每兩行息壹分五厘照算
如有息銀不清任隨國姓扒佃另安蘇姓不得異言其業定壹年滿期滿
斯之日銀到契回兩物楕勤若有重當抵押以及較轇不清賬項不明等
情蘇姓一力承耽不干國姓相干恐口無憑立當契為據
後批百契壹張揭交存押此業隨當干任

憑中人 國玉清 國玉先 李雲清 國子雲

代筆人袁鑫順

民國丁巳年六月十五日立

新典契

承典人姓名	国绍礼
不动产种类	房
坐落	牌山门
面积	一所
四至	东至前抵街 南至后抵师范学校 西至左抵罗姓墙脚 北至右抵单姓地基
价值	
典价	壹百两税银叁两正（整）库平折合洋肆元伍角
出典年限	壹年
应纳税额	
原契几张	
立契年月日	民国丁巳年六月十五日

出典人　苏炳轩

中　人　李云清等

中华民国六年八月二十一日给

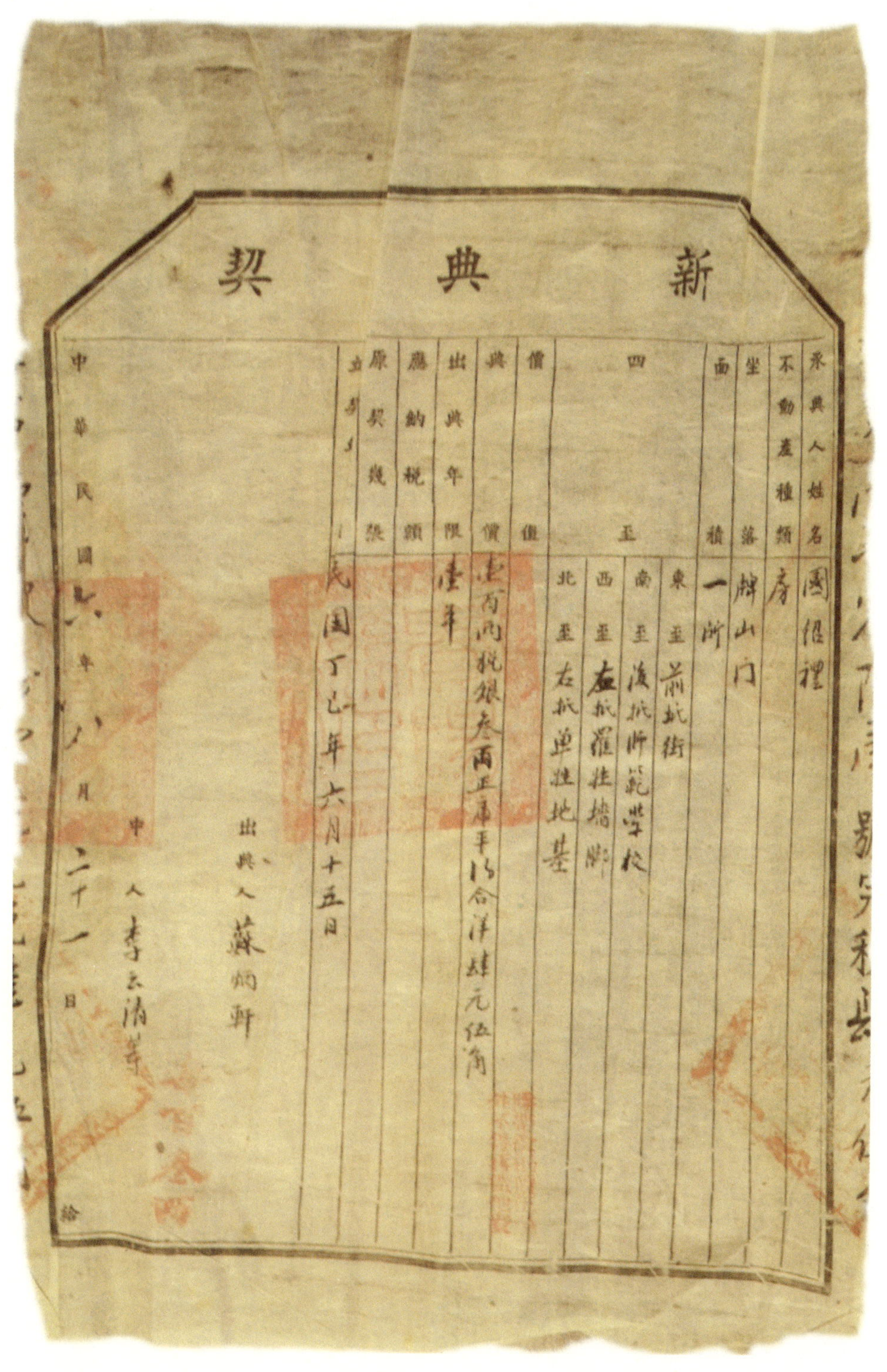

新典契

承典人姓名	不動產種類	坐落	面積	四至	典價	出典年限	應納稅額	原契幾張	立契年月日
國俍禮	房	解山门	一所	東至前抵街 南至後抵師範學校 西至左抵羅姓墻脚 北至右抵单姓地基	壹百两税银叁两正库平行合洋肆元伍角	壹年			民国丁巳年六月十五日

出典人 蘇炳軒

中人 李玉清等

中華民國六年八月二十一日

拾

（三十三）民国七年二月初八日（1918年3月20日）契文

立书当瓦楼房约人苏炳轩，今需银使用，自愿将新修排杉门瓦楼座（住）房壹间，请凭中证出当与罗少臣名下为业。当面议定票银伍拾两正（整），是日清（亲）手收清，并无短少分厘。其房议定叁年为满，银到房回，两无异言。不到年限，不得续（赎）取。所有前面天井共用槽门共出入房，后以灶房为界在内，所有此房地契言定，归苏姓收管，若有抵押，自有苏姓交涉，不以（与）当主相干。自当之后，任凭罗姓照契管业，如其苏姓亲戚人等若有异言，自苏姓一力承耽（担），不以（与）罗姓相干。恐其人心不古，特立当约一纸为据。

外添二字

官牙徐鹤鸣

易当易取

凭中人　罗兴顺
　　　　段华丰

证人　叶建之
　　　吴云程
　　　袁鑫顺
　　　杨新荣

代笔　吴得新

民国戊午年二月初八日　苏炳轩　押立

立書當瓦樓房約人蘇炳軒今需銀使用自願將新修排行門瓦樓壓房壹間請憑中證出當與羅少臣名下為業當面議定票銀伍拾兩正是日清手收清並無短少分厘其房議定叁年為滿銀到房回兩無異言不到年限不得續取所有前面天井共用檔門共出入房後以灶房為界在內所有此房地契言定歸蘇姓收管若有掁楔自有蘇姓交涉不涉當主相干自當之後任憑羅姓照契管業如其蘇姓親戚人等若有異言自蘇姓一力承耽不涉羅姓相干恐其人心不古特立當約一紙為據

外添二字

縣 當 官牙徐鶴鳴

憑中人 羅興順 段[illegible]

證人 葉建之 吳雲程 袁鑫順 楊新榮

代筆 吳得新

縣

民國戊午年二月初八日 蘇炳軒 親立

新典契

承典人姓名	不动产种类	坐落	面积	四至	价值	典价	出典年限	应纳税额	原契几张	立契年月日
罗少臣	房	排杉门	一间	东至原 南至契 西至载 北至明		伍拾两税银壹两伍钱折合洋贰元贰角伍仙	叁年			民国七年二月初八日

出典人　苏炳轩

中　人　罗兴顺

中华民国七年八月廿九日给

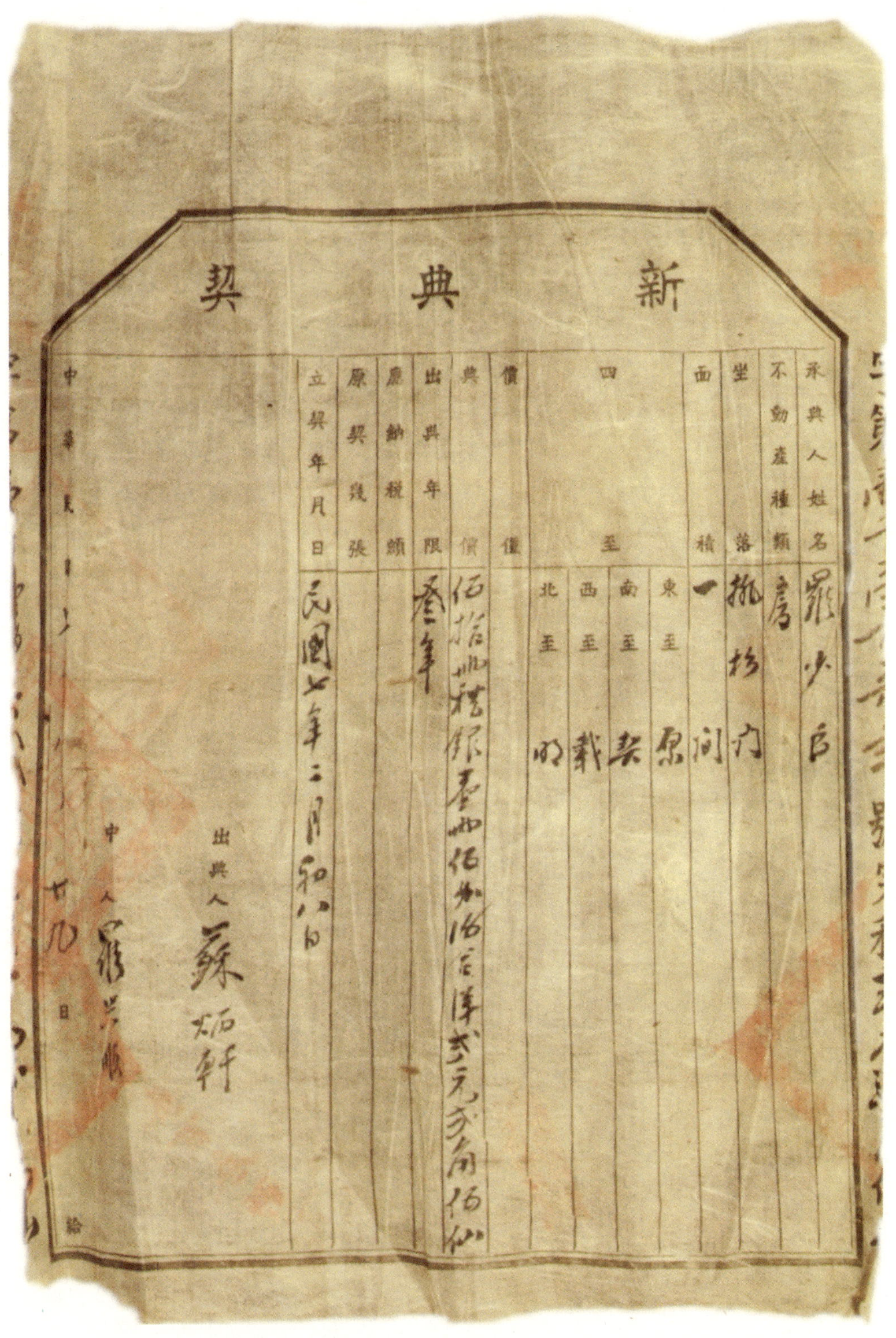

新典契

承典人姓名	不動產種類	坐落	面積	四至	價值	典價	出典年限	原納稅額	原契幾張	立契年月日
羅少白	房	枧杉内	一間	東至原 南至契 西至載 北至明		伍拾[illegible]洋弍元叁角伍仙	叁年			民國七年二月初八日

出典人 蘇栢軒

中人 羅興順

中華民國 年 月 廿九 日 給

（三十四）民国七年二月初八日（1918年3月20日）契文

立书当瓦楼房文约人苏炳轩，情因无银使用，自愿将新修排山门坐（住）宅后厦瓦楼坐（住）房壹间、灶房、毛（茅）房，凭中证当与林华轩名下为业。三面议定，足色票银伍拾两正（整），其银即日亲手收明，并无短少分厘。其房言定当叁年为期限，日后银到房回，两无异言。不到年限，不得赎取。所有前面天井槽门公共用出入，房后灶房、毛（茅）房合并在内，所有此房地契任归苏姓收管，若有抵押，自有苏姓交涉，不以（与）林姓相干。自当之后，任凭林姓照契管业，若其苏姓亲戚人等若有异言，自有苏炳轩一力承耽（担），不以（与）林姓相干。恐其人心不古，特立当约一纸为证据。

官牙张勋臣

凭中人　罗兴顺
　　　　段华丰

见证人　叶建芝
　　　　吴云臣
　　　　袁鑫顺　仝（同）在
　　　　吴德新

代笔　杨燊荣　主正

中华民国戊午年阴历二月初八日书　当房人苏炳轩　押立

立書當瓦樓房文約人蘇炳軒，情因無銀使用，自願將新修排山門坐宅後廈瓦樓坐房壹間、灶房、毛房，憑中証當與林華軒名下為業。三面議定足色票銀伍拾兩正，其銀即日親手收明，併無短少分厘。其房言定當叁年為期限，日後銀到房回，兩無異言。不到年限，不得讀取。所有前面天井、槽門公共用出入，房後灶房、毛房合并在內。所有此房地契任歸蘇姓収管，若有抵押，自有蘇姓交涉，不以林姓相干。自當之後，任憑林姓照契管業。若其蘇姓親戚人等若有異言，自有蘇炳軒一力承躭，不以林姓相干。恐其人心不古，特立當約一紙為証據。

官牙 張勳臣

憑中人 羅興順十 段華豐〇

見証人 葉建芸 吳粵臣 袁鑫順 吳德新

代筆 楊蝶蒔彥

中華民國戊午年陰歷二月初八日書當房人蘇炳軒 押 立

仝存

新典契

承典人姓名	不动产种类	坐落	面积	四至	价值	典价	出典年限	应纳税额	原契几张	立契年月日	
林华轩	房屋	排山门	一间	东至原 南至契 西至载 北至明		伍拾两应纳税银壹两伍钱库平折合洋贰元贰角伍仙	叁年			民国戊午年二月初八日	出典人 苏炳轩 中人 罗兴顺 中华民国七年八月十五日给

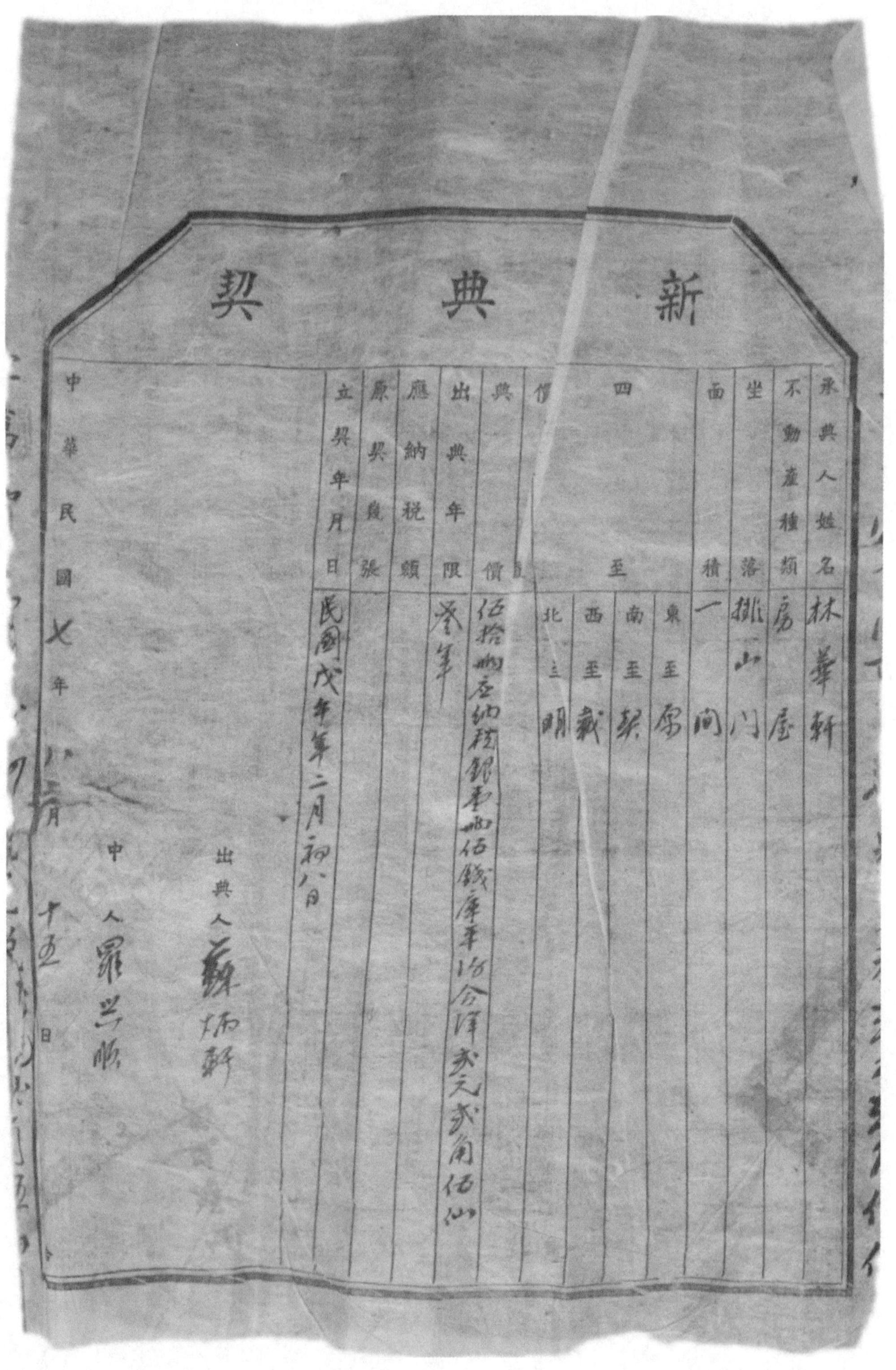

新典契

承典人姓名：林華軒

不動產種類：房屋

坐落：挑山门

面積：一间

四至：東至房　南至契　西至載　北至明

典價：伍拾兩座紋程銀壹兩伍錢庫平仂合洋貳元貳角伍仙

出典年限：叁年

應納稅額：

原契張數：

立契年月日：民國戊午年二月初八日

出典人　蘇炳軒

中人　羅興順

中華民國七年八月十五日

（三十五）民国七年四月二十四日（1918年6月2日）契文

立当瓦楼房文契人何瑞庭，今因要银应用，将到本己先年得买排山门街房伍间，内提出一间当与郭洪顺、［郭］玉清二人住坐。议定当价九色银肆拾两，外整价银贰两，共肆拾贰两，言定六年为满，其有槽门、天井、公共出入厕房亦公（共）同。俟六年现满之日，何姓备银肆拾贰两与郭姓取回，银到房回，两无异议。今恐人心不古，特立当字一纸为据。

陈树清
原中 林华轩
罗兴顺
凭中人 刘月安
袁炳和
罗大兴

官牙龙慰生

民国七年四月二十四日　何瑞庭亲笔　立

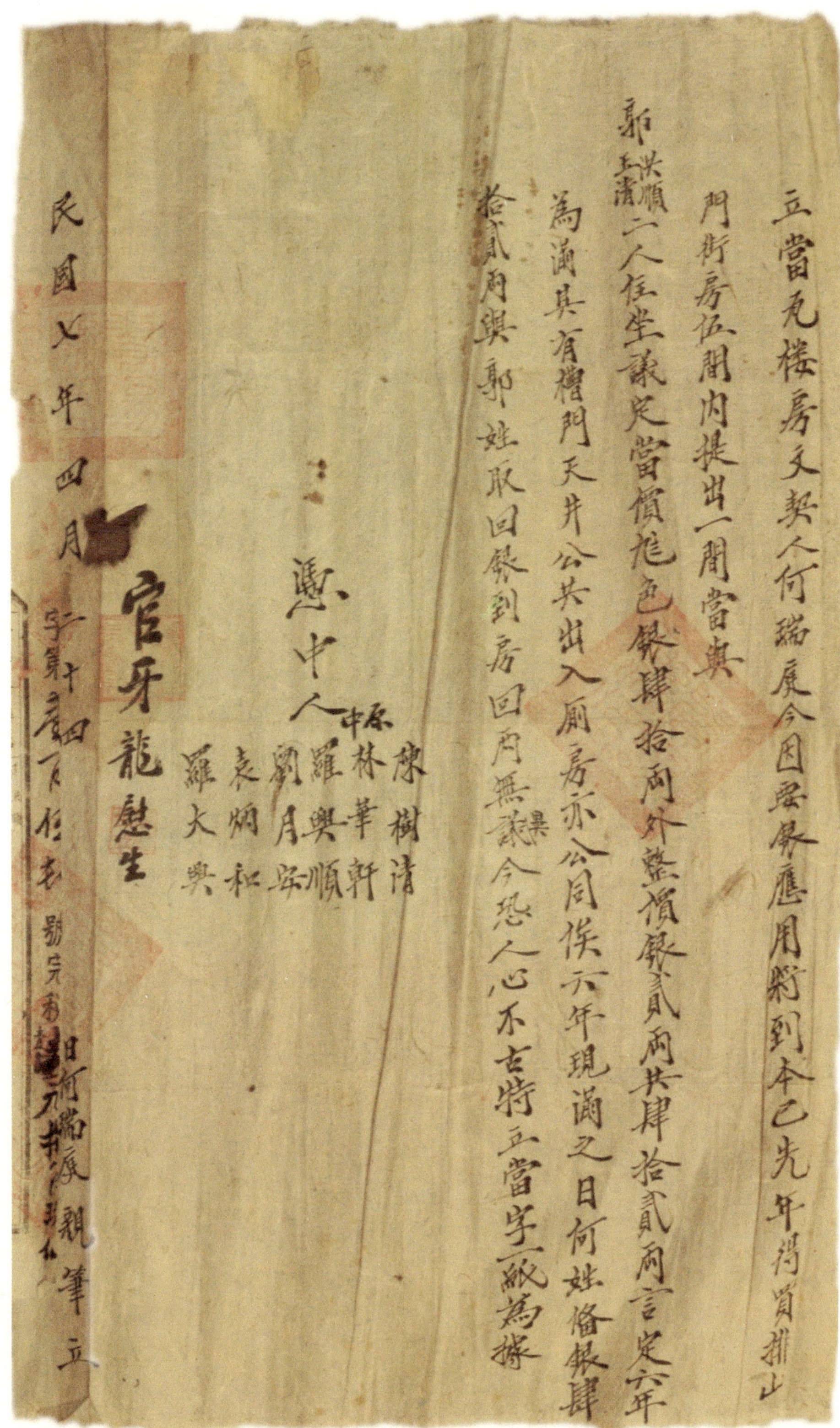

立當瓦樓房文契人何瑞庚今因要銀應用將到本已先年得買排山
門街房伍間內提出一間當與
郭洪順
郭玉清二人住坐議定當價花色銀肆拾兩外盤價銀貳兩共肆拾貳兩言定六年
為滿其有禮門天井公共出入廁房亦公同俟六年現滿之日何姓備銀肆
拾貳兩與郭姓取回銀到房回兩無異議今恐人心不古特立當字一紙為據

憑中人 原中 陳樹清
林華軒
羅興順
劉月安
袁炳和
羅大興

官牙 龍魁生

民國七年四月　日 何瑞庚 親筆 立

新典契

承典人姓名	郭洪顺［郭］玉清
不动产种类	房屋
坐落	排山门街
面积	五间
四至	东至界　南至详　西至原　北至契
价值	
典价	银肆拾贰两
出典年限	陆年
应纳税额	壹两贰钱陆分合洋壹元捌角玖仙纸费五角正（整）
原契几张	壹张
立契年月日	民国七年四月二十四日

出典人　何瑞庭

中　人　林华轩

中华民国七年十一月四日给

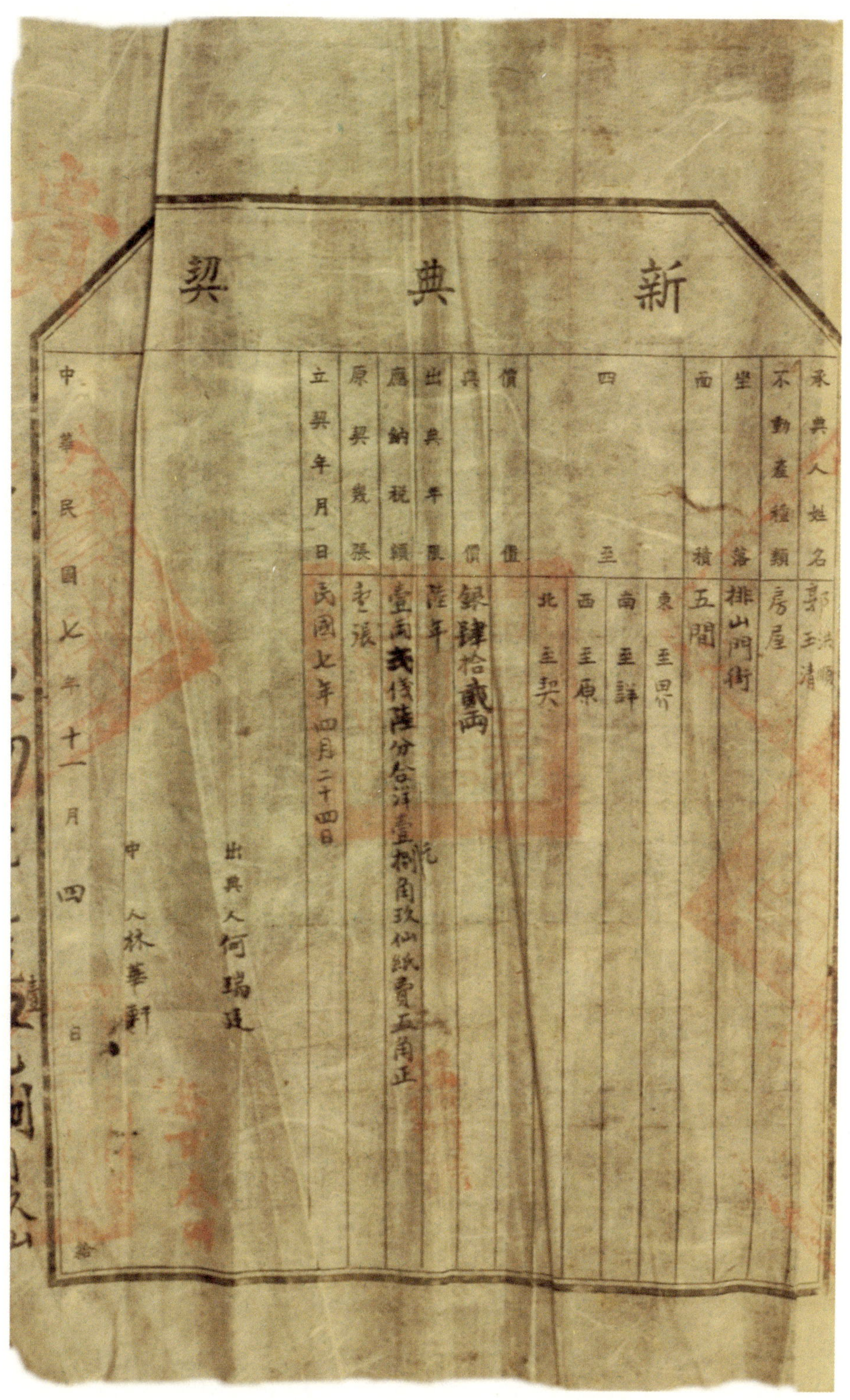

新典契

承典人姓名：郭玉清
不動產種類：房屋
坐落：排山門街
面積：五間
四至：東至界　南至許　西至原　北至契
典價：銀肆拾貳兩
出典年限：陸年
應納稅額：壹兩貳錢陸分合洋壹元捌角玖仙紙費五角正
原契幾張：壹張
立契年月日：民國七年四月二十四日

出典人何瑞廷
中人林華軒

中華民國七年十一月四日

附录

从清代和民国初年的房契当契看当时贵阳的房地产交易[1]

林　吟[2]

20 世纪 90 年代，贵阳市师范学校清理档案，把一卷皮纸和其他纸质文件扔在学校垃圾池里，准备烧掉。一位老师看见，说："这些是档案资料，怎么丢了？"清理档案的人说："超过 15 年了。"这位老师觉得可惜，就捡了回来。

当时我草草看过，是写在大张皮纸上的一些居民老房契、老当契。20 多年过去，贵阳市师范学校已不存在，我也退休了。这些天突发奇想：这些东西会不会有点意思？于是，找这位老师要来又看了看。本不想写什么，觉得不会有写头。然而，当把这个陈旧的皮纸卷打开，我眼前出现了一段清代和民国初年贵阳房地产交易的历史。

一

这些地契、当契用纸绳穿缝成册，封面一张皮纸用繁体字写着"师范学校购地各业主揭交契约计三十五张"（如图 1）。数了一下，确实是 35 张，一张不少。内页前面有 11 张皮纸，分别编号，写着"第一号：黄开科契约计三张；第二号：蒋学贤契约计一张；第三号：何瑞廷契约计三张；第四号：罗义顺契约计一张；第五号：周姚氏、黎姚氏契约计三张；第六号：罗树清契约计四张；第七号：苏炳轩契约计六张；第八号：孟单氏、陈单氏、赵堃荣契约计三张；第九号：杨绍模、杨绍祖契约计七张；第十号：刘义顺契约计二张；第十一号：沈惠卿契约计二张"。封底写着"中华民国九年一月十七日"。

---

① 这篇文章原文标题为《一卷旧皮纸——一段尘封的老贵阳房地产交易史》，刊载于《藏天下》2019 年第 6 期，此处略有改动。

② 林吟，原名林亚莉，贵阳学院中文系副教授，贵州省作家协会理事，贵州文学院签约作家，多部作品获贵州省政府文艺奖、贵州乌江文学奖。

图 1　契约纸卷封面

从封面封底和这些内页中，我们看出这些契约被当时的贵阳市师范学校收存的原因、原持有人姓名及份数、学校收存的大致时间。

接下来装订的就是契约了。这些契约都用毛笔书写在皮纸上，字大都为中楷。契约中，最早的一张是乾隆二十年（1755 年），距今已有 264 年；最晚的是民国七年（1918 年），距今也有 100 多年。其中清代的契约，时间从乾隆二十年起，除了没有嘉庆年间的记载，其他的诸如道光、咸丰、同治、光绪、宣统年间的都有。

通过这些契约，我们可以得知贵阳房地产交易在清代和民国初年的一些情况和演变。

二

最早的乾隆二十年的那份（如图 2），纸张较一般皮纸厚实粗糙，呈暗色，长 14.5 寸（约 48.3 厘米），宽 10.5 寸（35 厘米），契约上没有印章。这张契约的内容分右和左两部分，右部是内容陈述和落款，左部是吉语和中介人签名。

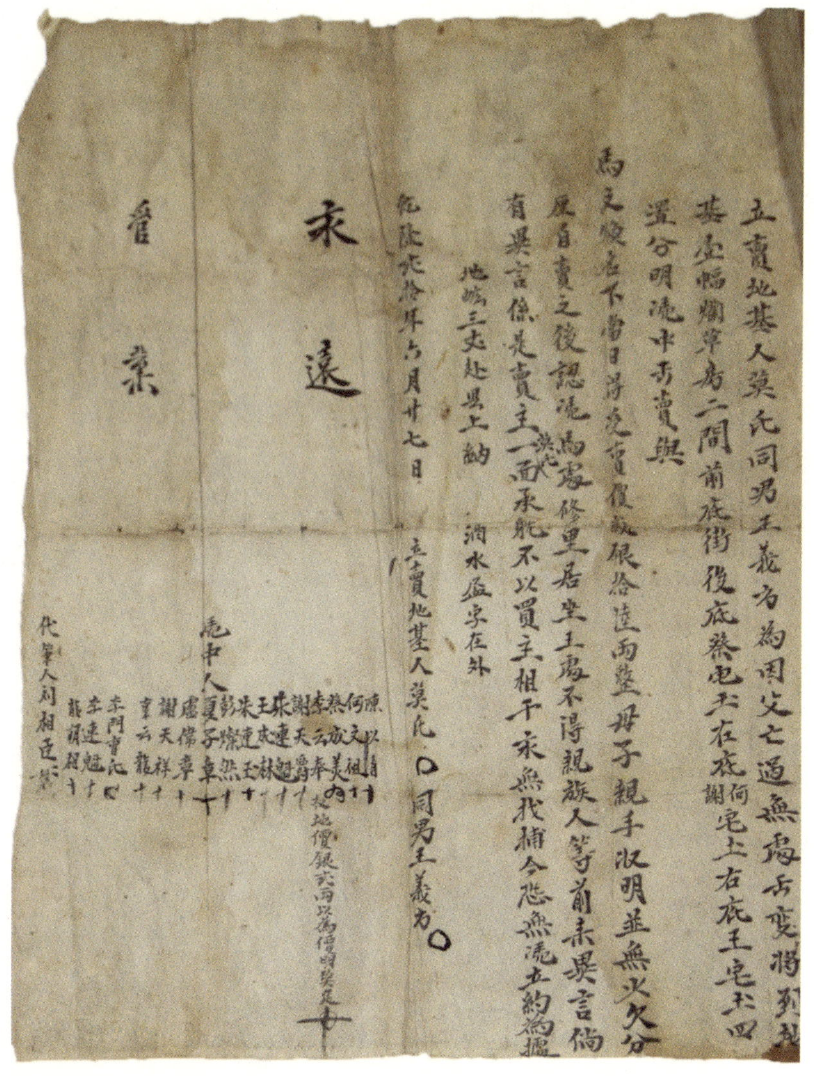

图 2　乾隆二十年王义方与马文焕的房屋契约

右部内容如下：

立卖地基人莫氏同男王义方，为因父亡过，无处出变，将到地基壹幅、烂草房二间，前底（抵）街，后底（抵）蔡宅土，左底（抵）何谢宅土，右底（抵）王宅土，四置（至）分明，凭中出卖与马文焕名下，当日得受卖价纹银拾陆两整，母子亲手收明，并无少欠分厘。自卖之后，认（任）凭马处修里（理）居坐（住），王处不得亲族人等前来异言，倘有异言，系是卖主莫氏一面承耽（担），不以（与）买主相干，永无找捕（补）。今恐无凭，立约为据。

地亩三丈，赴县上纳，酒水尽（画）字在外。

乾隆贰拾年六月廿七日　立卖地基人莫氏（画圈）王义方（画圈）

左部内容如下：

永远管业

凭中人：陈以清　何文祖　蔡成美　李云奉　谢天爵　朱连魁
　　　　王成林　朱连玉　彭灿然　夏子章　卢伟章　谢天祥
　　　　辜云龙　李门曾氏　李连魁　龙朝祖

代笔人：刘相臣

从此份地契可见，至少在18世纪，贵阳已有房地产交易。并且，在这时这里已有“街”，说明人的活动已至贵阳次南门外。

分析这份契约，还有如下一些特点。

1. 当时出卖的土地没有具体尺寸，用前、后、左、右相抵的房屋宅地来说明，即所谓“四置（至）”，只是在后面说明“地亩三丈”，以此作为卖主上缴税费的依据。“三丈”应为平方丈。

2. 契约上没有印章，不过有16个凭中人作证，可见当时买卖房地产是件大事。

3. 地契空白处有吉语“永远管业”。之后的契约部分也有这样的吉语，根据所收存的契约来看，此做法延续了200多年。

4. 把土地所有权转移的规则写进契约中，这一点与今天的卖房合同相似。

5. 画押不是盖手印，而是画圈，让人想到鲁迅笔下的阿Q。

6. 当时还没有出现“印花税”“房税”等词，税费名称是“地亩”，费用由卖主自己赴县府缴纳（当时已有贵阳县），可见当时县府是政务集中地。

7. 行文没有标点符号，与当时文书相同（文中标点是笔者所加）。

147年后的1902年，贵阳公立师范学堂（贵阳市师范学校的前身）在这里成立并扩建，此地契在100多年间传给了哪位后代或期间是否又有出卖，不得而知。

三

道光二十五年（1845年）的地契有2份，都是在道光二十五年签订。一张（如图3）是七月十七日，马谢氏与儿子马荀将草房二间及后面空地基一丈一尺出卖与马呈祥名下，得银二十七两；一张是十月十二日签订，立约人还是马谢氏与儿子马荀，仍是将草房二间及后面空地基一丈一尺出卖，这回买主是杨文苾，得银也是二十七两。猜想也许上一次与马呈祥的交易失败，在3个月后又改换买主。但不知为何，第一张契约仍保留，不过，从后来所附的“断卖契”可知，到了民国时期，用于办理新契的是卖给杨文苾的那份。

这两份契约距乾隆年间的那份时间相隔已有90年，但行文格式变化不大，只是在这份地契中，已出现地名“排栅门”（后来的房契有的也写作“排山门”“牌三门”）和具体的尺寸。

立卖草房并地基人马谢氏仝男马苟今将祖置草房贰间、后空地基壹丈壹尺，坐落地名次南门外排栅门，前抵大街，后抵卖主地界至椂柱石磉壹丈壹尺为界，左至古巷道，右抵马宅界，四至分明，寸木片石一并在内，请凭中证上门出卖与马呈祥名下管业，即日得授卖价九色银贰拾柒两整，贵平兑马姓母子亲手收明，并无少欠分厘……

出现地名的意义在于：当时这里已成为较为知名的商业活动区。

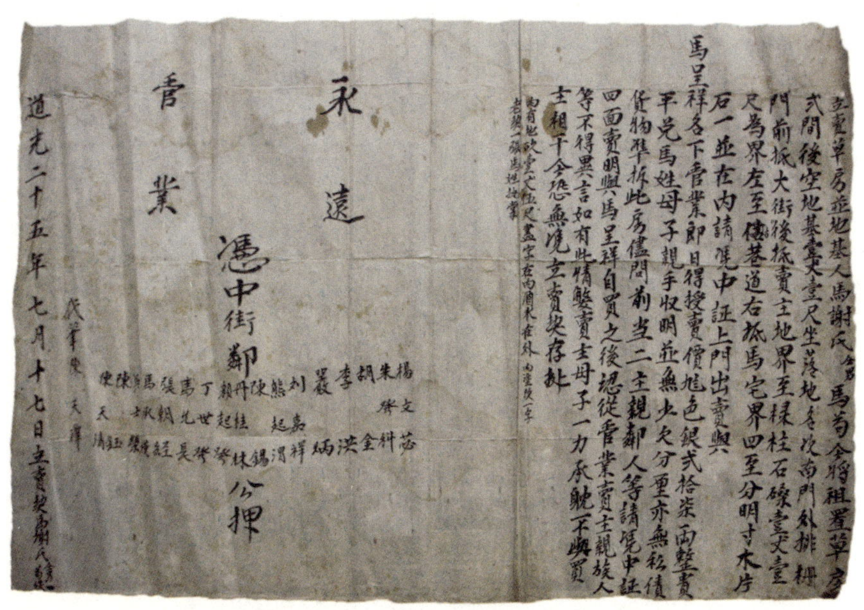
立賣草房并地基人馬謝氏仝男馬苟今將祖置草房
貳間後空地基壹丈壹尺坐落地名次南門外排柵
門前抵大街後抵賣主地界至椂柱石磉壹丈壹
尺為界左至古巷道右抵馬宅界四至分明寸木片
石一并在內請凭中証上門出賣與
馬呈祥名下管業即日得授賣價九色銀貳拾柒兩整貴
平兑馬姓母子親手收明并無少欠分厘亦無私債
貨物準折此房儘問前當二主親鄰人等請凭中証
四面賣明與馬呈祥自買之後總從管業賣主親族人
等不得異言如有此情賣主母子一力承擔不與買
主相干今恐無凭立賣契存照

永遠
管業

憑中街鄰
公押

道光二十五年七月十七日立賣契人馬謝氏

图 3　道光二十五年马谢氏卖与马呈祥的房屋契约

契约中，同样没有“印花税”一词，与乾隆年间一样称为“地亩”，在此处注明地块总面积，仍由卖房人自行上缴税费。在这份契约中，“尽（画）字”（代笔）的费用包含其中。将乾隆年间和道光年间的两份地契比较，到道光年间，房地产已涨价。乾隆年间“地亩三丈”，不过得银十六两，而 90 年后，“一丈五尺”已得银二十七两。

道光年间的这份契约长 21 寸（70 厘米），宽 14.5 寸（约 48.3 厘米），同样是皮纸，稍薄；一张纸上仍分两个部分书写，吉言一样，为“永远管业”。同样没有印章。

四

15 年后，咸丰年间的地契只有咸丰十年（1860 年）十二月十一日这 1 份（如图 4），行文格式也没有什么变化。所出售的地块不大，只有五尺，得钱四千文。据资料，咸丰年间银价猛涨，一两银子可以换制钱两千多文。不知是房地产降价还是地块不够好，这块地的卖价并不高，最多也就二两银子。此地契长 8.8 寸（约 29.3 厘米），宽 17 寸（约 56.7 厘米），文字书写工整。有趣的是，落款处的“立卖约人马友德”一旁，有倒写的“立卖约人”，不知何故。这样的写法其他契约都未见。买主是杨四公，这明显不是真名。从前后 30 多份契约来看，契约上买主不写真名的只此一份。不知契约背后有何故事。

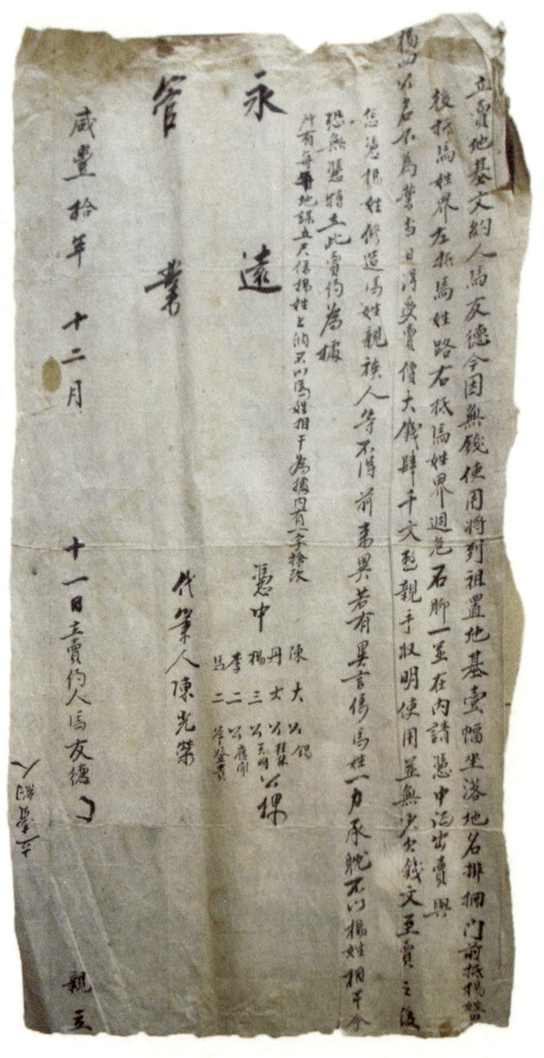

立賣地基文約人馬友德今因無錢使用將到祖置地基壹幅坐落地名排楓门前抵[illegible]

後抵馬姓界左抵馬姓路右抵馬姓界週邊石脚一並在內請憑中[illegible]出賣與

楊四公名下為業當日得受賣價大錢肆千文整親手收明使用並無少欠錢文至賣之後

任憑楊姓修造馬姓親族人等不得前來異言若有異言係馬姓一力承耽不與楊姓相干今

恐無憑特立此賣約為據

外有每年地課五尺係楊姓上納不與馬姓相干為據內有一字[illegible]

永遠管業

憑中 陳大[illegible] [illegible] 楊三[illegible] 李二[illegible] 馬二[illegible]

代筆人陳光[illegible]

咸豐拾年十二月十一日立賣約人馬友德

立賣約人（倒写）

親立

图 4　咸丰十年马友德卖与杨四公的地基契约

五

同治年间的地契共 6 份：同治元年（1862 年）1 份，同治四年（1865 年）1 份，同治五年（1866 年）2 份，同治十年（1871 年）2 份。

同治年间的契约，行文款式仍没有大的变化。

从内容可见，同治元年的契约（如图 5）地亩一丈五尺，得纹银三两。同治四年的地亩一丈，银七两。两相对比，虽有涨价，但还是没有道光年间的卖价高。这一份契约中没有吉语。

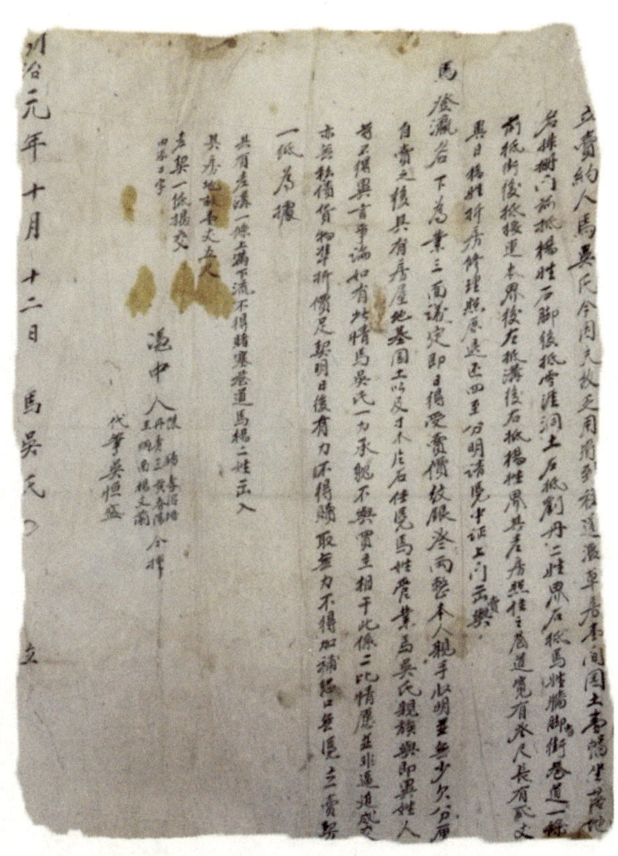
立賣約人馬吳氏
馬登瀛名下為業三面議定即日得受賣價紋銀叁兩整本人親手收明
一紙為據
憑中人
代筆吳恒盛
同治元年十月十二日 馬吳氏 立

图 5　同治元年马吴氏卖与马登瀛的房屋契约

同治五年八月十六日的这份，没有“地亩”的具体尺寸，只知出卖的是“草房三间，侧房壹间，小草房壹间，猪圈壹小间，园子壹幅，古沟三尺宽”，包括“地基院坝砖石瓦片一并在内，前抵街，后抵刘姓住房，左抵刘姓房，右抵严姓房”，而卖价是纹银六十五两整。这个价格与同治元年和同治四年的那两份比较，是很高的了，也许是面积较大的缘故。这张地契的吉语是“永远发达”。凭中人都没有真实姓名，而是口语称谓“张三公、李二公、陈大公、丹二公、吴五公、李九爷”，看来都是当时这一带有名望的男性。

同治五年间房地产有了一个有趣的变化，那就是房屋可以典当了。图6是1份此年间的当契，契文是这样的：

> 立转当约人王沈氏仝（同）男建国、建民母子三人，为因无银使用，将到当尹姓草房贰间、园子壹幅，坐落地名排山门，前抵街，后抵蔡姓老坎，右抵董界，左抵李界，四至分明，请凭中上门，转当与桃（姚）宗孔名下为业，三面议定，当价银柒两正（整），母子亲手收明使用，自当之后，任凭桃（姚）姓安佃居住，王姓不得前来异言，日后银到房回，两无指（措）勒，此系二比情原（愿），并非逼迫成交，恐口无凭，立转当为据。

在文后又加补一条：“其房出整价银叁两，日后尹姓赎取出整价银叁两，准三年后赎取。”

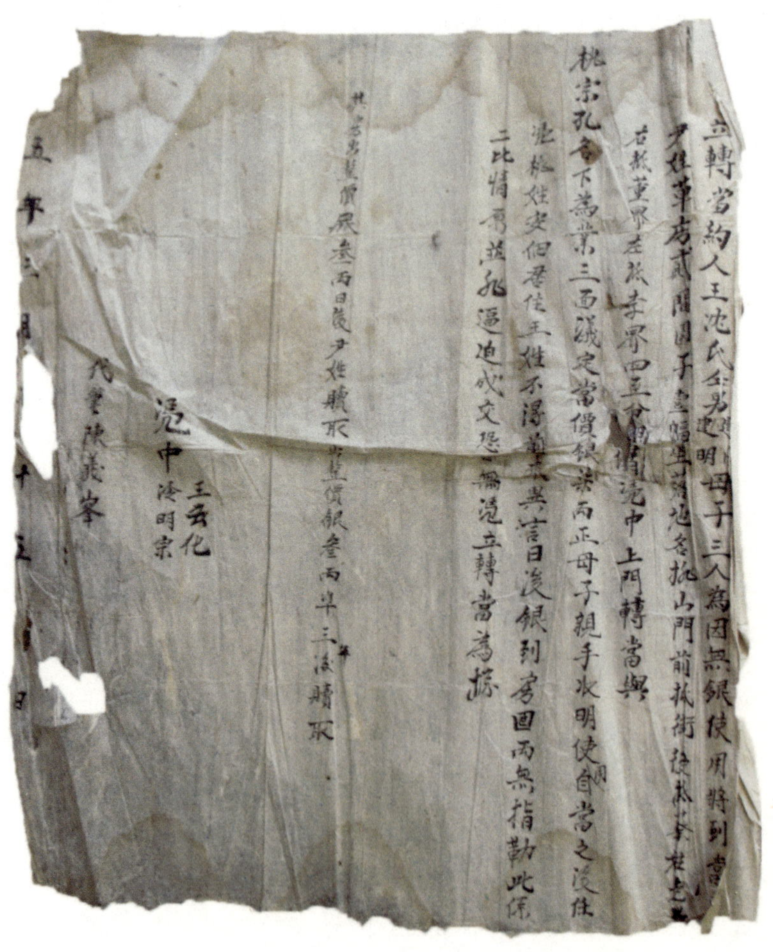

图6　同治五年王沈氏将房地转当与姚宗孔的当契

看此当契，有诸多细节不太明白。好在到了光绪元年（1875年），又有这份当契（如图7）的补充说明才知，原来在同治五年（契约误写为“九年”）。第一位当契立约人尹善祥将这房地当与王沈氏，价格是纹银九两七钱整。三年后，当期已满，但尹家却没有赎回，王沈氏就又将房地转当与姚宗孔。那条补充说明中进一步指出，房地产原有人尹家要赎回这些房地产，除了原来的赎价，还要再加修新房银十二两，并在四年后才能赎取。

这张当契说明，至少在同治五年，贵阳就出现房屋典当，并且可以转当。

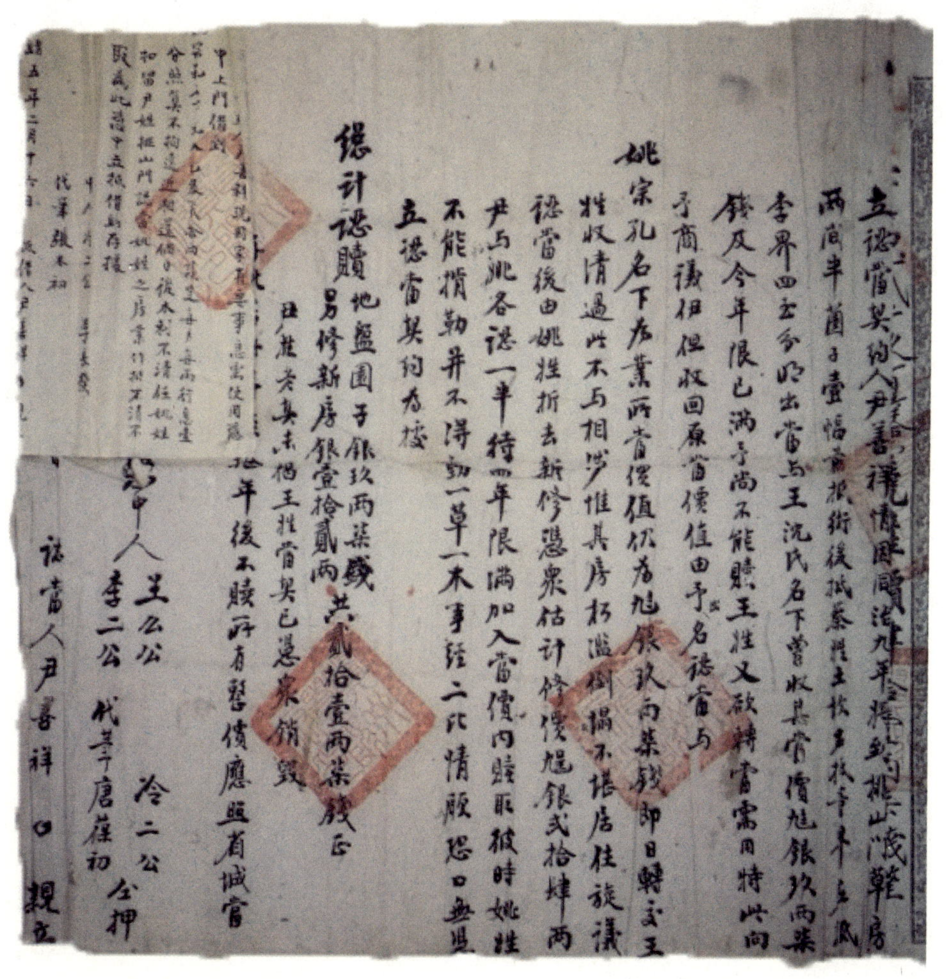

图7　光绪元年尹善祥的认当契约

故事还没有结束。尹善祥的认当契中认当王姓转当房屋为姚姓名下为业，同时姚姓将之前尹姓当与王姓得银玖两柒钱转交给王姓，王姓将转当银柒两交予姚姓后，这些房地就与王家没有关系了，只与尹家和姚家有关系了，因此，这份光绪元年的当契又说：“尹姓老契未揭，王姓当契已凭众销毁。”内容还有，茅草房转当给姚家后，“其房朽滥（烂）倒塌，不堪居住”，于是尹家和姚家共同出资修建，估计共要花银子二十四两，由姚家尹家“各认一半”，“待四年限满，加入当价内赎取”。

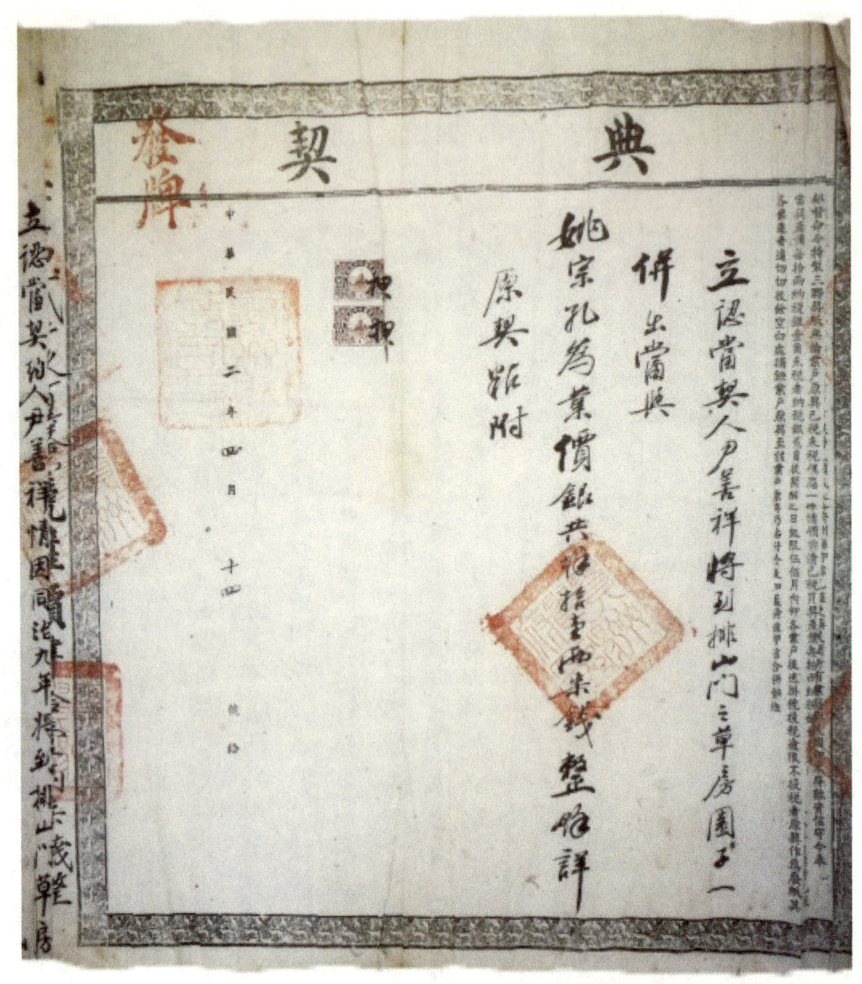

典契

立認當契人尹善祥將到排山門之草房園子一

併出當與

原契粘附

中華民國二年四月十四日

图 8　民国时期尹善祥认当契新典契

到了民国二年（1913 年），由贵州财政司印制的正式的典契出现，于是就将前面的当契贴在正式的典契上。原典契签约的时间是光绪元年（1875 年），民国时的典契（如图 8）时间为民国二年，无论当事人在世与否，民国典契上的双方姓名还都是认当契上的签约人。

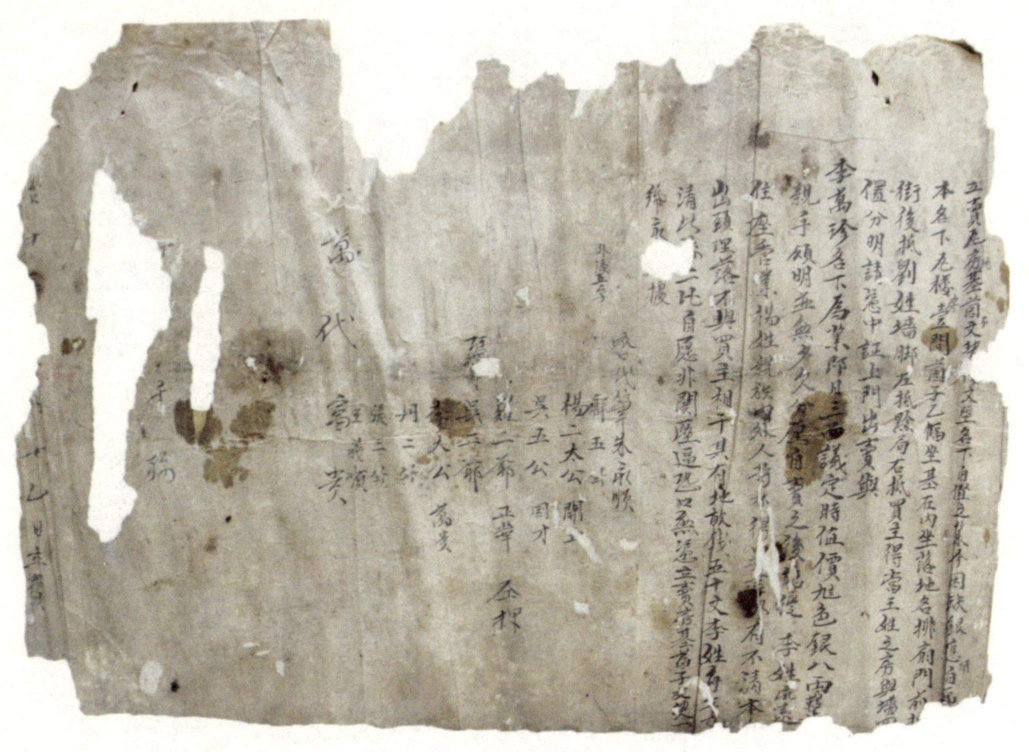

图 9　同治十年杨文陞卖与李万珍的房地契约

同治十年（1871 年）的两份契约皆为卖契。这两份契约，有一份的时间已看不清，是笔者依据另一份同治十年时间和纸张厚薄以及文字字形大小笔力，推测两份契约为同一时代。看不出时间的那份，是雷文魁卖与黄春扬的，得银七两二钱整；能看出时间的那份是陈文陞卖与李万珍的（如图 9），得银八两整。两家房屋皆为瓦房，质量应比较好。雷文魁的这份，吉语是“永远管业”；陈文陞的这份，吉语是“万代富贵”。

六

光绪年号从 1875 年到 1908 年，共 34 年，因此，这些契约中，光绪年间的卖契和当契就比较多，计有光绪二年（1876 年）、光绪十七年（1891 年）、光绪十八年（1892 年）、光绪二十二年（1896 年）、光绪二十四年（1898 年）、光绪二十九年（1903 年）、光绪三十年（1904 年）、光绪三十一年（1905 年）共 8 份。光绪十七年（1891 年）的卖契如图 10。

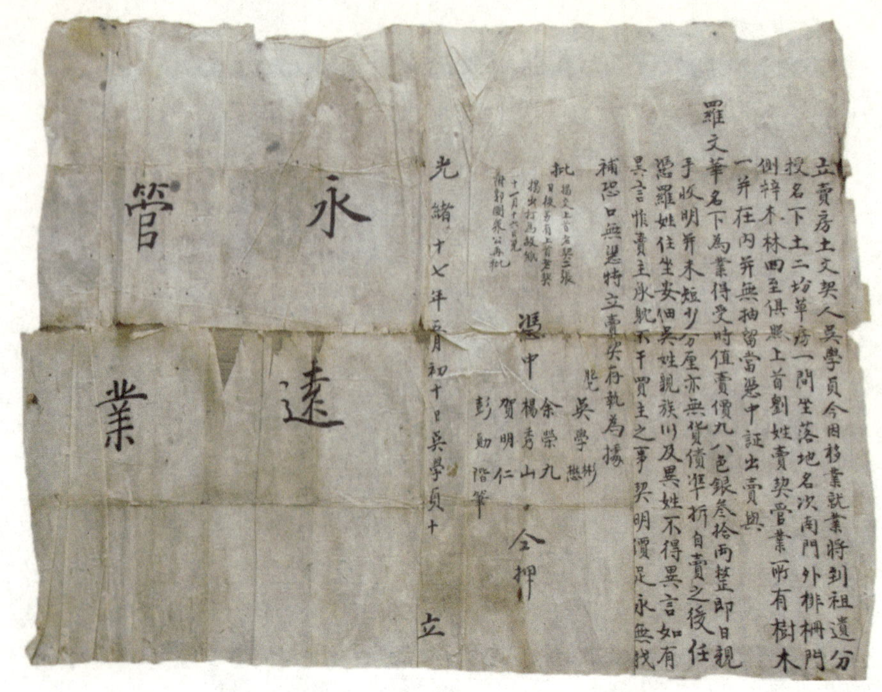

立賣房土文契人吳學貞今因移業就業將到祖遺分
授名下土二坮草房一間坐落地名次南門外排柵門
側梓木林四至俱照上首劉姓賣契管業所有樹木
一并在內并無抽留當憑中証出賣與
羅文華名下為業得受時值賣價九八色銀叁拾兩整即日親
手收明并未短少分厘亦無貨債準折自賣之後任
憑羅姓住坐安佃吳姓親族以及異姓不得異言如有
異言惟賣主承耽不干買主之事契明價足永無找
補恐口無憑特立賣契存執為據

憑中 余榮九 楊秀山 賀明仁 彭勛 全押

光緒十七年五月初十日吳學貞十 立

永遠管業

图 10　光绪十七年吴学贞卖与罗文华的房屋契约

宣统年号从 1909 年到 1912 年，因此这些契约中属于宣统年间的不多，只有宣统二年（1910 年）和宣统三年（1911 年）共 3 份。宣统三年（1911 年）三月初十的卖契见图 11。

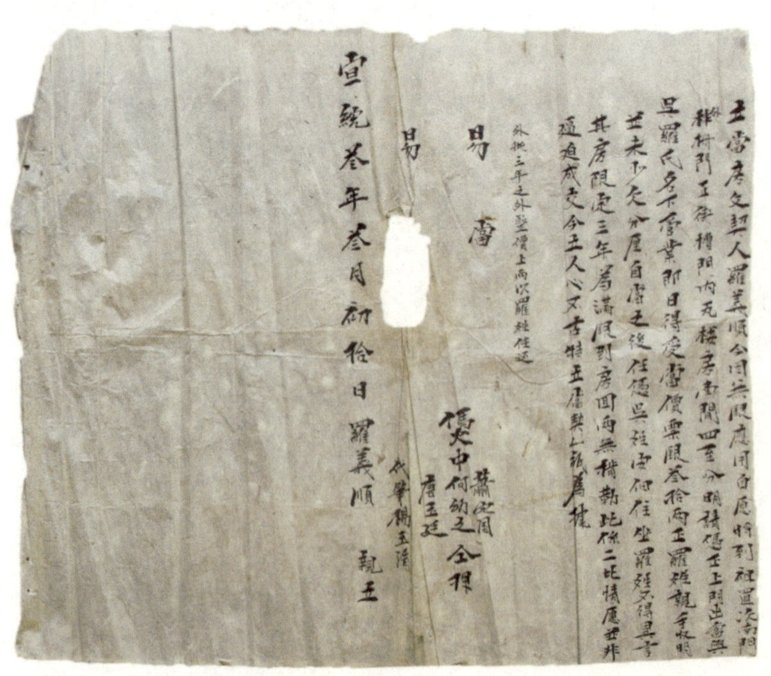

宣統叁年叁月初拾日 羅義順 親立

图 11　宣统三年罗义顺卖与吴罗氏的房屋契约

光绪年间和宣统年间的契约行文格式没有大的变化，原契上仍然没有印章，只是吉语有变化，除了也用前面的“永远管业”外，还增加了“千秋不易”“延年益寿”等。

从清代的这些契约来看，清代贵阳的房地产交易有这样一些特点。

1. 属于民间自发行为，国家并未进行管理，只收取一定税费。

2. 凭中人由 2 人以上组成，有时多达 16 人。凭中人对于签约双方来说，应有较强的可信度。

3. 妇女在家庭财产上有一定的决策权。乾隆二十年（1755 年）的莫氏、道光二十五年（1845 年）的马谢氏、同治元年（1862 年）的马吴氏、同治五年（1866 年）的刘郭氏、宣统三年（1911 年）的吴罗氏等都是女性。如果有儿子，会带上儿子一同签约。

七

房契当契出现大变化的是进入民国时期。从这一时期的这些契约来看，最显著的是 3 个变化。

1. 有地方政府特制的“断卖契”和“典契”。

2. 有地方政府印章。

3. 有印花税的贴纸，有的还有签署人的签名和印章。

民国时期，政府特制的断卖契和典契，主页一律宽 15 寸（50 厘米），长 16.3 寸（约 54.3 厘米），均为半透明的皮纸，还有图案边，显示一定的正式感和仪式感。无论断卖契还是典契，契约右边都有一段文字：

> 贵州财政司　为颁发印契，以资信守。照得民国成立，各府州县印信已经更换。民间所有业契与民国印不符，难资信守。今奉都督命令，特制三联契纸，无论业户原契已税未税，俱应一律请领。前清已税买契，产价每拾两纳税银贰角，未税者纳税银伍角；前清已税当契，产价每拾两纳税银壹角，未税者纳税银贰角。从开办之日起，限五个月内，仰各业户从速挂号投税。逾限不投税者，原契作为废纸。其各懔遵毋违，切切！后余空白处，摘录业户原契。至该业户原契，仍粘附于后，加盖骑缝印信合并。饬遵。

以上文字的标点是笔者所加。

断卖契和当契在这段文字的最右边就是骑缝，第一个字是套红的很大的“贵”字，下面是契约编号、房产价和税费价。

民国新契的买卖价格处盖有“贵州贵阳府印”；在骑缝处盖有“贵州财政司

印”；在落款处盖的也是“贵州财政司印”。贵州贵阳府印和贵州财政司印皆长宽各 2.4 寸（8 厘米）。在契约的上方，还有大大的两字——发牌。

以上文字中提到有三联契纸，却只见到两联——断卖契或典契和税验买契。第三联应是由贵州财政司保存。图 12 是保存较好的贴在一起的两联，断卖契和税验买契，左面还有按要求贴附在新契上的老契（见图 12、图 13）。

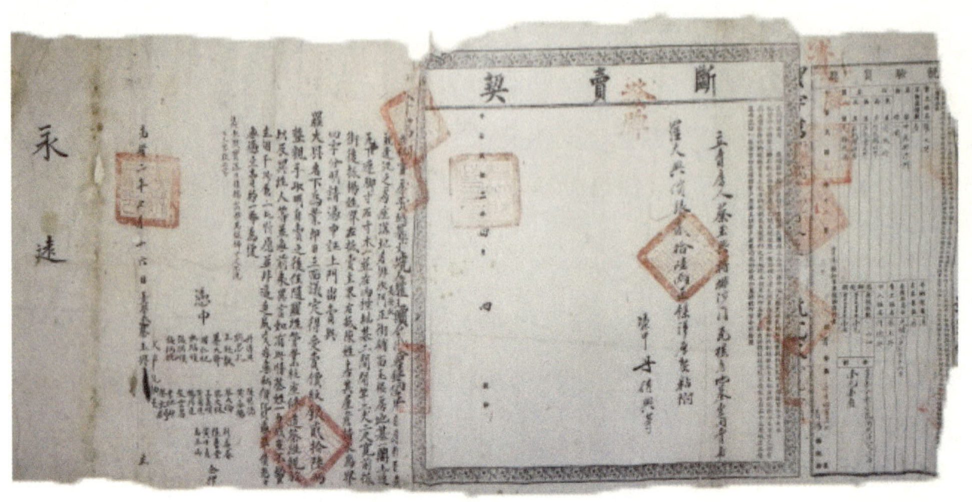

图 12　民国二年断卖契

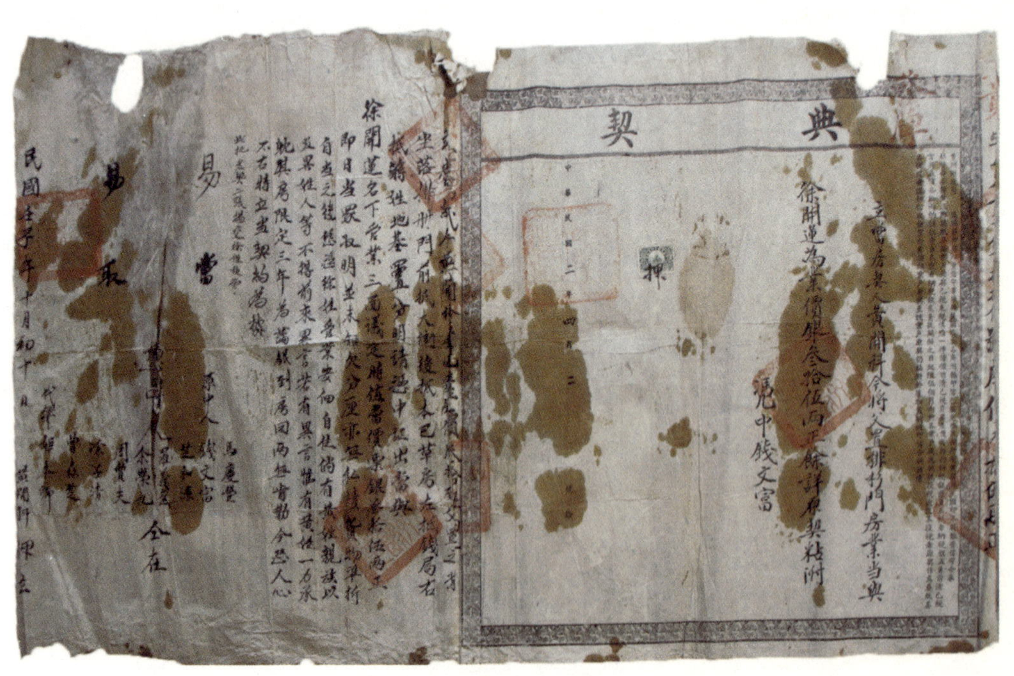

图 13　民国二年典契

有的契约在落款一旁，还有一张如邮票大小的、或绿色或咖啡色的印花税贴纸，上面写着一个“押”字，有的还有经办人的姓名和印章（见图 14）。

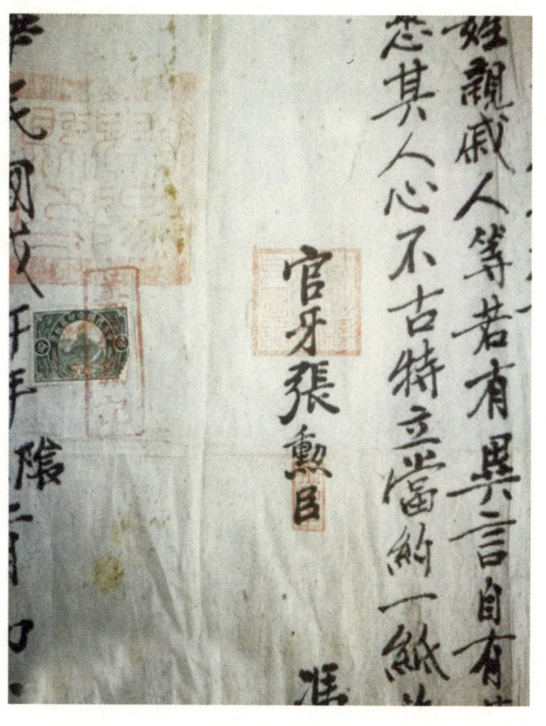

图 14　张勋臣官牙及左边绿色印花税

到了民国六年（1917 年），契约又有大改进，不再用长宽各 50 多厘米的大契纸，而是宽 6.8 寸（约 22.7 厘米）、长 10.5 寸（35 厘米）的契纸，大小相当于现在的 A4 纸，看上去简约多了。标题不再是“断卖契”，而是“新买契”；“典契”也成为“新典契”。断卖契改为“新买契”，说明契约不是由卖家持有，而是由买家持有，相当于现今二手房买卖完成后，由买主持有房产证件。

新买契的契纸以表格的形式出现，表中列有关键的 9 项：买主姓名、不动产种类、坐落、面积、四至、卖价、应纳税额、原契几张、立契年月日。表格外的落款有三个内容：卖主、中人、日期。新买契的印章是“贵阳县印”，长和宽都两寸（约 6.67 厘米）整，两边都有骑缝，内容是编号、完税收费、日期等。详见图 15。

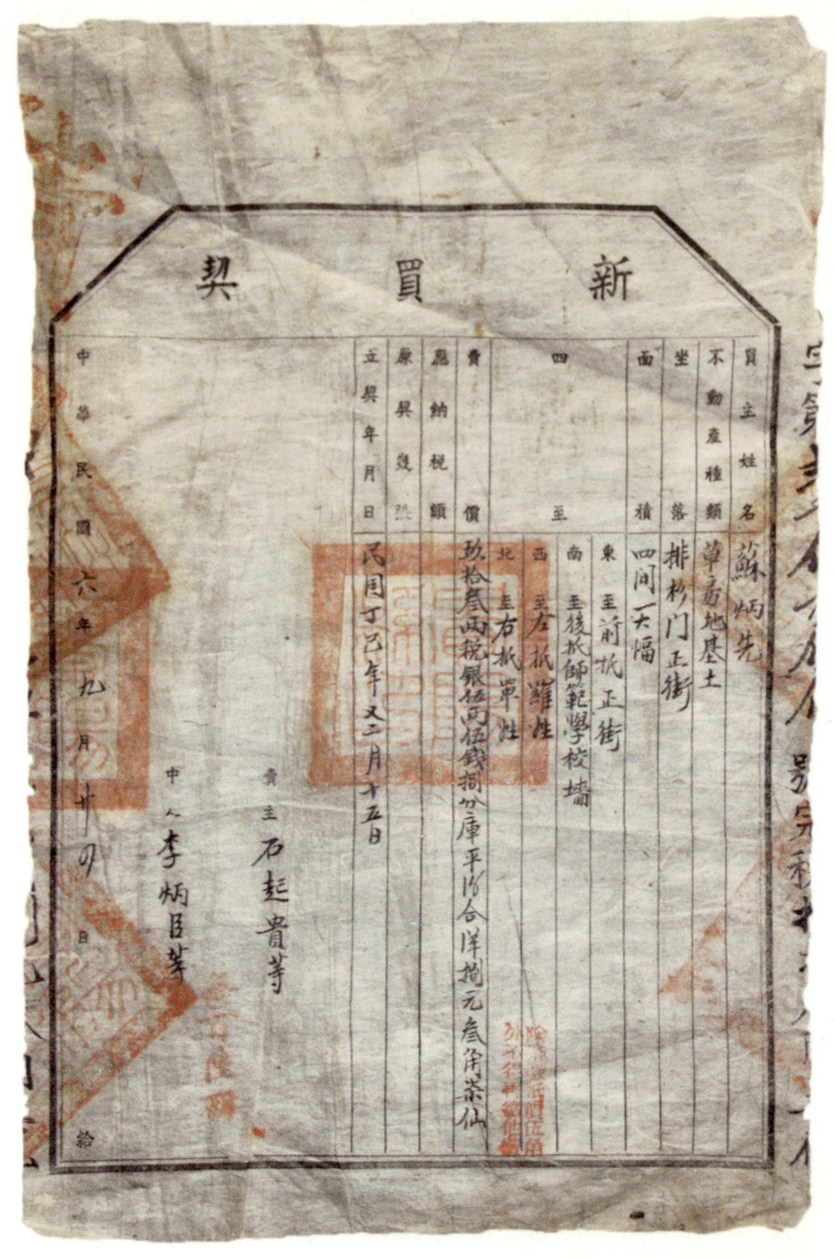

新買契

買主姓名 蘇炳先
不動產種類 草房地基土
坐落 排杉门正街
面積 四间一大幅
四至 東至前抵正街 南至後抵師範學校墙 西至左抵羅姓 北至右抵覃姓
賣價 玖拾叁两税银伍两伍钱捌分庫平仍合洋捌元叁角柒仙
應納稅額
原契幾張
立契年月日 民国丁巳年又二月十五日
賣主 石起貴等
中人 李炳臣等
中華民國六年九月廿四日給

图 15　民国六年的新买契

新典契（如图 16）与新买契大小也一样，表格有 11 项，除承典人姓名、价值、典价、出典年月不同外，其他与新买契相同。新典契上贴附老典契，这样，“四至”一栏就不必写得那么清楚了，用“原契载明”等字眼概括。

新买契和新典契在面积上的表述仍然不科学，如图中新买契的表述是：“四间一大幅”，而“四至”将这个面积具体化，从“前后左右”这四个方位说明与何处相接。新典契的面积和“四至”的表述也基本相同。

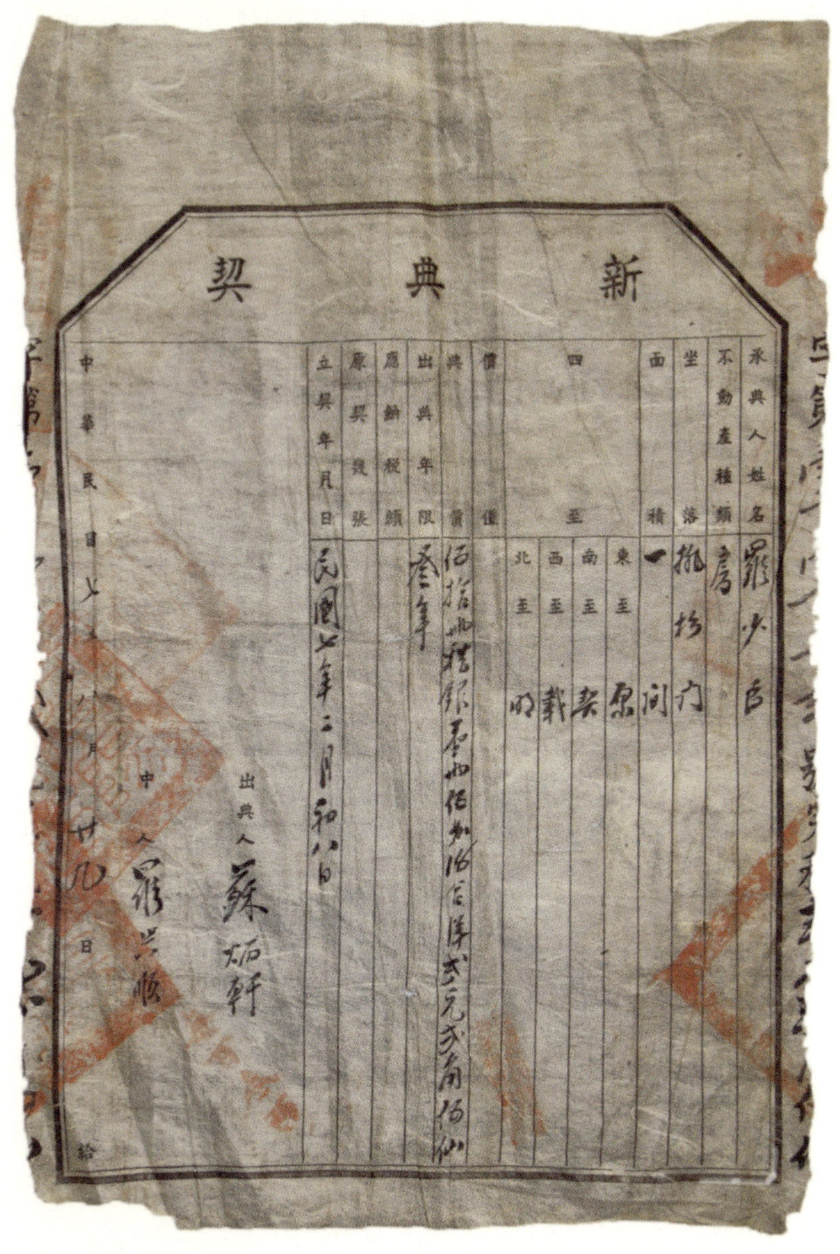

新典契

承典人姓名
不動產種類
坐落
面積
四至 東至 南至 西至 北至
價值
典價
出典年限 叁年
應納稅額
原契幾張
立契年月日 民國七年二月初八日
出典人 蘇炳軒
中人
中華民國 七 年 六 月 廿九 日 給

图 16 民国七年的新典契

从贵阳市师范学校收存的这些契约来看，民国时期的新买契、新典契和老契在数量上并不一致，似业主更重视老契。民国时期的老契的内容与之前年代的契约基本相同：何人因何原因卖掉（或当掉）位于何处的什么结构的房屋、价格是多少。不过，当契在结尾处都多了这么一句话“今恐人心不古，立当字一纸为据”，几乎每张皆有。可见，当时人与人之间的信任已开始瓦解。

民国时期的契约共 14 份，有民国元年（1912 年）1 份、民国二年（1913 年）

3 份、民国三年（1914 年）3 份、民国五年（1916 年）1 份、民国六年（1917 年）3 份、民国七年（1918 年）3 份。值得注意的是，14 份契约中，当契就有 11 份，远远高出清代的当契数量。从契约看，民国时期房地产价格很高了。如民国二年（1913 年）三月，张德明卖给丹德兴名下排山门瓦楼街房两间、后内住房三间，空地基一幅，就得银一百二十两整，这在清代是没有出现过的高价。而民国七年（1918 年）二月初八日苏炳轩当与罗少臣名下瓦楼房一间，当期为三年，当银就是五十两整。典当房子获利不见得比卖房子少，还有机会赎回，大概基于此，民国时期典当房地的比卖房地的多。

可以说，刚进入民国时期，贵阳的房地产交易就出现了一场革命，表现在以下几个方面。

1. 地方政府和有关部门强势介入。

2. 有了地方政府和部门的印章，并规范盖章位置。

3. 出现印花税贴纸，使缴税规范化。

4. 契约开始简化，用图表形式体现。

贵阳市师范学校花了多少钱买下这些房地产，不得而知。不过可以推想，当时的师范学校正处于上升阶段。

李端棻与贵阳公立师范学堂

——中国第一所中等师范学堂创办过程侧记

马筑生[①]

贵阳市师范学校（以下简称“贵师”）的前身——贵阳公立师范学堂自清代光绪二十八年（1902年）创设，至2009年6月19日与贵阳学院合并，历经107年的曲曲折折，坎坎坷坷。贵师在悠久岁月中培养了万余名教师，桃李遍布全省各地，为贵州文化教育的发展、为贵州各民族人民文化素质的提高，做出了重要的贡献。贵阳市师范学校最早的创建者，是李端棻（1833—1907）、于德楷（1842—1913）、乐嘉藻（1867—1944）、李裕增（生卒年月不详）四人。

《清史稿·列传二百五十一》记载：“李端棻，字苾园，贵州贵筑人。同治二年进士，选庶吉士，授编修，为大学士倭仁、尚书罗敦衍所器。十年，出督云南学政。值回寇乱后，荒服道亘，前使者试未遍，端棻始一一按临，文化渐振。光绪五年，转御史，以叔父朝仪官京尹，回避，改故官。累擢内阁学士。十八年，迁刑部侍郎。越六年，调仓场。”

李端棻是晚清维新运动的重要推手，积极支持康有为、梁启超的变法维新运动，是戊戌变法的重要人物。《清史稿·列传二百五十一》记载：“二十四年，密荐康有为及谭嗣同堪大用。”梁启超说：“二品以上大臣言新政者，一人而已。”这些都是指李端棻。在光绪“百日维新”中，李端棻得授礼部尚书。第一天上朝，跌倒病休，实未到礼部履职。维新运动失败后，“端棻自疏检举，诏褫职，戍新疆”（《清史稿·列传二百五十一》）。幸得同僚陈夔龙（曾为贵州巡抚）向慈禧太后求情，准滞留京师近一年，才走上流放新疆之途。李端棻在流放新疆途中，“中道遘疾，留甘州”（《清史稿·列传二百五十一》）。甘州，也就是今天的甘肃省张掖市。“二十七年，赦归，主讲贵州经世学堂。”（《清史稿·列传二百五十一》）

光绪二十七年（1901年），李端棻被赦，回到贵阳。回到贵阳后，居“贵阳县北大街颜家巷侧”（见李良侗、李良佺《先府君事略》）李家老宅。

---

① 马筑生，贵阳学院教育科学学院副教授，全国师范院校儿童文学研究会理事长，中国寓言文学研究会副会长，出版了《贵州儿童文学史》等论著。

李端棻世居贵阳城北“谯楼边”。谯楼（钟鼓楼）是贵阳最早的地标性建筑，它比现存的文昌阁和甲秀楼还要早两三百年。这里原名“颜家巷”，从清光绪年间开始，这里被称为王家巷。史料记载说：“钟鼓楼为贵阳旧时用以报时鸣钟鼓之所或观察敌情的瞭望哨，其址在王家巷口。”明弘治《贵州图经新志·宫室》载：“谯楼，在治城内宣化坊北，即元故城北门之址。本朝拓城而北楼废。成化间，太监郑忠重建。高五十尺，周五十步。复出闾阎，俯瞰一郡。上置壶漏、钟鼓，以节晨昏。”就是说站在谯楼上，贵阳全城一望收，钟鼓齐鸣全城闻。

回筑不久（1902 年），李端棻应当时贵州巡抚邓华熙之聘，主讲贵州经世学堂，每月至经世学堂两次。他力倡新学，让学生传抄梁启超主办的《新民丛报》，给学生讲卢梭、培根等人的学说，讲天赋人权、自由平等等思想，讲达尔文进化论、赫胥黎天演论、孟德斯鸠三权分立，贵州学术风气顿然大变，维新思想渐次深入人心。与此同时，他也受到守旧派的抵制诽谤。李端棻诗《闻谤自责》之一曰：“轻信人言悔莫追，咎由自取更何辞。维新毕竟输仍旧，用夏原来易变夷。家贼难防凭压力，谤书遍布荷良规。不然民智开通后，团体合群孰御之。”后来抚台迫于压力，只好解聘了李端棻。这时李苾园在家乡，也是寂寞的。

是年，贵阳名绅于德楷、乐嘉藻（彩丞）、李裕增等，拜会原礼部尚书李端棻，探讨如何才能振兴贵州文化、发展贵州教育。四人经过探讨，得出共识——要振兴贵州文化，发展贵州教育，关键在于培养教师。开办师范学堂，正合李端棻“维新毕竟输仍旧……民智开通后，团体合群孰御之”的思想。于是四人进一步相商在贵阳创设师范学堂之事。最后做出决定，出于“谋黔省教育之发展，振兴贵州文化，培养新学师资以应教育发展之需求”的目的，集资在贵阳创设一所师范学堂。

其时李端棻已近古稀之年，为了贵州教育事业的发展，他不顾年高体弱，不辞辛劳，随即与于德楷、乐嘉藻、李裕增等三人相约，考察了贵阳次南门外两江口一带（如图 1）的名胜雪涯洞、来仙阁、丁公祠（如图 2）、昭忠祠。四人出贵阳次南门，过桥架桥，经排杉门，沿南明河北岸西行，来到一片高大的柳树丛中，这里就是雪涯洞，洞前是来仙阁，不远处是丁公祠、昭忠祠。雪涯洞只是一个不太大的崖洞，就着洞崖之势盖起了一个殿堂，既不宏伟，又不幽邃。可观的是洞外的景物。洞外建有楼阁，名“来仙阁”。洞右侧有一个宽敞的厅堂，叫“望水厅”，厅前有走廊。凭栏眺望，南明河就横在眼前。南明河（如图 3）水从西边流来，到这儿河身渐阔，河水愈清，颇有一些气势。河两岸树木蓊郁，特别是柳，更是繁茂。南明河上有人打鱼。架一叶扁舟，用的是根长竹篙，可以撑，也可以划，有时还用竹篙拍打水面，溅起水花，啪啪作响，为的是赶鱼鹰（贵阳人都管鱼鹰叫“水老鸹”）入水捕鱼。还有人在岸边扳罾，捞鱼虾。四人或立足或凭栏于望水厅上，看得见扳罾里鱼儿的蹦跳。丁公祠在雪涯洞旁边，门额为“丁文诚公祠”。前临南明河，庭院两进，建筑宏伟，老树蔽天。《贵州名胜考略》云：“有丁文诚公专祠，以祀丁宝桢，光绪十四年建。”丁公祠曾为贵州巡抚陈夔龙所建，陈与李端棻私交甚厚。昭忠祠建于贵阳南明河畔雪涯路旁。

图 1　贵阳南明河、市西河两江口

图 2　贵阳丁公祠大殿（后来做了贵阳师范学校图书馆）

通过考察，四人一致认为，雪涯洞风景优美，来仙阁、望水厅建筑清静雅致，丁公祠、昭忠祠富有文化蕴涵，是学子读书的好地方，而且这里是官地，用来办学，容易得到官府的支持。于是他们便决定利用这一群老建筑，以这片建筑为师范学堂的校舍。报时任贵州巡抚邓华熙批准。因李端棻关系，邓华熙立即准予师范学堂立案，同意用这片建筑办师范学堂。

图 3　民国时期南明河景观

于是四人商定，师范学堂定名为“贵阳公立师范学堂”。四人还从在籍绅士中选择品学兼优、能孚众望之人，派令管理学堂。为了规范学堂的管理和建设，商定“贵阳公立师范学堂”创办人为“李端棻、于德楷、乐嘉藻、李裕增”四人。因李端棻年高体弱，不便主持学堂繁杂的事务，大家便公推于德楷为总理，李端棻、乐嘉藻、李裕增三人为协理（帮办），由年富力强的乐嘉藻主持学堂日常事务。学堂凡有重大事情，由四人会议决定。四人商定，学堂的性质为中等教育性质的师范学堂，学制四年，培养目标为初等、高等小学堂教习，还规定了学生入学条件。这正好暗合了是年清朝政府颁布的《钦定学堂章程》(即“壬寅学制”，是我国教育史上正式颁布但未实行的第一个学制，是中国近代教育史上第一次法定学校系统)。贵阳公立师范学堂随即挂牌招收学生，第一期招收了 30 名学生。

李端棻历来主张变法图强以救中国，他以改革封建教育制度的弊病为己任。他曾在光绪二十二年五月二日（1896 年 6 月 12 日），向光绪皇帝上《请推广学校折》，第一次全面系统地提出了以建立新式学堂为中心的教育改革方案。明确指出：“时事多艰，需才孔亟，请推广学校，以励人才而资御侮。”建议在全国进行教育制度改革，疏请在北京设立京师大学堂，各省会设中学堂，各府、州、县遍设各级学堂。重点教习外文、算学、天文、地理、理化和外国历史。他还建议设图书馆、科学馆、翻译局，办报纸和派留学生出国学习等。李端棻的奏请被光绪帝采纳，并于两年内逐一付诸实施。从此，兴学堂、废科举蔚然成风，拉开了向现代化教育转型的序幕。

李端棻提倡中国的教育体制也应效仿西方的模式——终身执业，聚众讲求。在教学方法上，李端棻强调所学课程应“各执一门”“分斋讲习”，即按学科分类讲习，才能致精、致深，培养真正的专门人才，且学习理论应该与实际紧密结合。李端棻还特别强调学习“普通学”的重要性，认为学习应从基础知识开始，“不明普通学，不能学专门，欲求专门之大成，则普通学之程度亦须随之而高”。他所指的“普通学”包括算术、几何、代数、中国地理、中国历史等共16科。

因此，李端棻力主在贵阳师范学堂开设外文、算学、天文、地理、理化和外国历史课。在教学管理上，李端棻主张“或就地聘延，或考试选补”。当时的贵阳，缺乏数理化师资。经四人商定，聘请在贵州武备学堂任教的日籍教习（教师）木滕武彦、金子新太郎、高山公通、清宫宗亲、爱田猪之助等五人来学堂兼课。据《贵阳百年》记载，清代光绪二十八年（1902年）春，“李端棻、李裕增、于德楷、乐采丞等人发起创办贵阳师范学堂，校址设于贵阳雪涯洞丁公祠、昭忠祠”[①]。“贵阳公立师范学堂”正式成立，举行了开学典礼，全体教职员工合影留念（如图4）[②]。

图4　贵阳公立师范学堂全体教职员工合影

（前排右起：李端棻、木滕武彦、金子新太郎、高山公通、清宫宗亲、赵帷熙，二排左四为于德楷，三排右五为乐嘉藻）

① 贵阳市志编纂委员会办公室编《贵阳百年》，贵州人民出版社，2000，第1—2页。

② 贵阳市志编纂委员会办公室编《贵阳百年图鉴（1901—2000）》，贵州人民出版社，2001，第53页。

贵阳公立师范学堂即贵阳市师范学校的前身，是贵州第一所师范学堂。“贵阳公立师范学堂”自成立之年起，每年招收一届师范生。学堂教学秩序正常，在全省的声誉日高。学堂开办后，据乐嘉藻的辛亥日记记载，除收少量学费外，堂中一切经费，概由他自己一人负担。

光绪三十一年（1905 年）十二月十五日，日俄双方为抢夺我国领土而在我国境内发生战争，日军占领我国辽阳。在贵阳公立师范学堂兼课的日本教习闻之饮酒庆贺，并邀请学堂一刘姓师范生与之共贺。这名具有民族自尊心的爱国学生拒绝接受邀请，日本教习爱田猪之助等恼羞成怒，动手殴打了这名学生，从而激起全校师生罢课抗议。

主持贵阳公立师范学堂事务的学堂协理乐嘉藻，立即约请学堂总理于德楷，协理李端棻、李裕增相商对此事件的处理。四人认为，民族尊严不可侵犯，为维护民族尊严，决定学堂暂时停课，要求日本教习爱田猪之助等向刘姓师范生赔礼道歉，但骄横自大的爱田猪之助等日本教习拒不道歉。贵阳公立师范学堂四位领导做出决定，立即解聘全部日籍教习，并以学堂名义，撰文表述了整个事件的经过。通过李端棻，将文章寄给正在日本横滨编印《新民丛报》的梁启超先生。

梁启超是李端棻发现并举荐的人才，还是李端棻从妹李蕙仙（朝仪先生女）之夫。《清史稿·列传二百五十一》记载，李端棻“前后迭司文柄，四为乡试考官，一为会试副总裁，喜奖拔士类。典试广东，赏梁启超才，以从妹妻之，自是颇纳启超议，娓娓道东西邦制度”。梁启超收到文章后，除全文发表外，还在文前写了简介，在文末加了评语，痛斥日籍教习的野蛮无理。报道共 1.4 万多字，是贵州学生最早的爱国反日行动的实录，曾引起国内外人士尤其是海外爱国侨胞的强烈反响，也引起日本国政府重视，召回了爱田猪之助等。日籍教习全部被解聘后，贵阳公立师范学堂也因缺数理化教习，只得暂时停办。当时该学堂只招收了 3 期学生，学生皆未完成学业。

眼看着贵阳公立师范学堂这么好的教育资源被闲置，李端棻的心里不是个滋味。为了不浪费学堂教育资源，李端棻、于德楷一边会同贵阳社会名流唐尔镛、任可澄、华之鸿等人，经云南巡抚兼署云贵总督林绍年批准，将原设于北书院的贵阳府中学堂移至贵阳公立师范学堂校址雪涯洞办学，并多方集资，将其改设为贵阳中学堂。一边委托主持学堂事务的贵阳公立师范学堂帮办乐嘉藻张罗学堂复课事。是年（1905 年），乐嘉藻约集了贵州饱学之士任可澄、易福田、徐叔彝（天叙）等人，与仍在贵州武备学堂任教的日籍教习高山公通（曾在贵阳公立师范学堂兼课）等协商学堂复课事。大家商定，重新召集学堂学生，学堂择机复课。不巧的是，当年云南巡抚兼署云贵总督林绍年派遣 151 名贵州学生到日本留学。经过考试上榜的留日学生，大部分是在贵阳公立师范学堂学习的学生。如后来成为贵师校长的尹于忠（笃生），赴日学习速成师范以应贵州人才之需；后来成为贵阳女师首任校长的周步瑛赴日学物理；后来成为女师教师的王佩芬学博物；后来成为贵阳名医的邓光济学医学；后来成为名工程师的刘文龙学电气；后来成为政治家的张彭年在早稻田大学学政治经济。这批留日学生后面大多成为促进贵阳发展的中坚力量，是清末民初贵阳发展教育、实业、科学的重要人物。重新召集学堂学生复课遇到了很大困难。于是大家决定，在雪涯洞来仙阁（贵阳公立师范学堂校舍之一）设“贵阳师范教育讲习会”，讲习师范教育，仍聘高山公通等日籍教习授课。

是年（1905年），贵阳师范教育讲习会开办中，乐嘉藻与贵阳名流唐尔镛商定，呈请贵州提学使陈骧在雪涯洞来仙阁创设“贵州官立贵阳师范传习所”。在李端棻的帮助下，此事得到贵州巡抚林绍年的支持，陈骧同意改设“贵阳师范教育讲习会”为“贵州官立贵阳师范传习所”，任唐尔镛为堂长（校长），先定修学3个月。

“贵州官立贵阳师范传习所”办学中，因修学时间太短和办学地址太窄，唐尔镛、乐嘉藻、任可澄和徐天叙等呈请贵州巡抚庞鸿书同意，将办于雪涯洞来仙阁的“贵州官立贵阳师范传习所”迁至贵阳贡院办学，其地址就是贵阳大十字西侧原贵阳市公安局所在地。改名称为“贵阳官立师范传习所”，改修学时间为半年。该所学员多为私塾教员，采取短期培训形式，讲习师范专业课。贵阳官立师范传习所招收各县学生，培养中师教习。曾先后结业两班，为贵州新式教育培养了第一批师资。

因在贵阳贡院办学的“贵阳官立师范传习所”修学时间还是太短，办学地还是太窄，光绪三十三年丁未（1907年），唐尔镛、乐嘉藻、任可澄和徐天叙等将贵阳官立师范传习所迁于贵山书院（也称阳明书院，地址在今天的省府路，现仅存遗址和珍贵的6座碑）改设为“贵阳官立师范简易科”，修学时间改为1年。其时，清廷学部已定优级师范选科简章，规定每省须设优级师范选科学堂1所。清光绪三十二年（1906年），清廷学部规定，各省应办1所优级师范完全科，相当于大学程度。清光绪三十三年（1907年），贵州遵学部决定筹办优级师范选科学堂。但贵州办学条件还较差，又急需中学教师，故按清廷学部规定，仿照大学专科例，先办优级师范选科学堂1所。

清光绪三十三年（1907年），贵州遵学部决定筹办优级师范选科学堂。贵州巡抚庞鸿书委任正在贵山书院办师范简易科的在籍内阁中书唐尔镛为学堂监督、四品顶戴分部郎中华之鸿为学堂副监督（学堂最高行政和领导）。聘贵州饱学之士，在籍内阁中书任可澄担任教务长，杨覃生、陈廷芬、王延直等任教习，在次南门外贵阳公立师范学堂原址雪涯洞、丁公祠、昭忠祠、来仙阁，创办了贵州官立优级师范选科学堂，将贵阳中学堂〔光绪三十二年（1906年）改称通省公立中学堂〕搬迁到河对岸新址办学。此举得到病中李端棻的赞赏。

光绪三十三年（1907年）11月17日，李端棻在贵阳王家巷家中逝世，终年75岁。从弟李端榘子葆忠嗣，由继子李葆忠将李端棻葬于贵阳永乐乡水塘村大关口。

李端棻为贵州教育的发展，倾尽家资，甚至在临去世前，还“谆属子弟出资，捐助学堂经费”。被尊为“中国近代教育之父”的李端棻，作为黔籍大员，在推动贵州师范教育和普通教育事业方面，有着不可磨灭的贡献。

这就是贵阳公立师范学堂的创办过程。根据这些史料的记载，贵阳公立师范学堂应该被认为是全国第一所师范学堂。然而，创办于清光绪二十八年（1902年）9月的江苏如皋师范学堂，通常被认为是我国第一所规范设置的公立师范学堂。此学堂是在盛宣怀的推动下，由晚清进士、翰林院编修沙元炳（民国初任江苏省议会议长）在老师张之洞支持下，于清光绪二十八年（1902年）9月创办的。沙元炳任创办总理，举人马文忠、拔贡张藩任副办，名“如皋公立简易师范学堂”。

光绪二十八年（1902年）正月，张謇向清两江总督刘坤一提议，在南通地方创办公立师范学堂，但他的提议却遭到当地一些官僚的阻挠、反对。此事未成。

后来，张謇约集范当世、沙元炳等地方士绅讨论，决定自办师范学校。是年三月，张謇以通州（今江苏省南通市）城东南千佛寺废址为基础，把自己办大生纱厂应得的酬劳拿出来作为建校资金，建筑校舍。五月，刘坤一同意该学校“准予立案”。学校初名“通州民立师范学校”，张謇亲任总理（民国后称校长）。光绪二十九年四月初一（1903年4月27日），“通州民立师范学校”正式开学。当天，张謇在校内揭示《总理开校演说词》，后来他把其中“艰苦自立、忠实不欺”八字作为校训。

通州民立师范学校历来被认为是我国第一所独立设置的师范学校，与南洋公学附设师范院（高等师范）、京师大学堂附设师范斋（高等师范）一同被公认为是“中国师范教育肇始的三大源头”，因而在中国近代教育史上具有重要的地位。

而李端棻、于德楷、乐嘉藻、李裕增等4人创办的贵阳公立师范学堂，于清光绪二十八年（1902年）春创办，设置规范，比沙元炳创办的如皋师范学堂还要早创办几个月，比张謇、范当世、沙元炳等创办的“通州民立师范学校”还要早开学1年左右。所以贵阳公立师范学堂才是我国第一所规范设置的中等师范学堂，开我国中等师范教育之先河。

后　记

断断续续历时三个月，这本册子终于完成。

契文中出现一些别字，如果不是错得太离谱，笔者就把它做异体字看，照原字誊写，这样也可保留原文风貌。

这些契约中，最“老”的是乾隆二十年（1755 年）的那份。这份契约比我整整大两百岁。整理过程中，看到契约上的那些人名，心中难免生出些感慨——在契约上落下名字的这些人，也曾认真地生活过，也曾为把日子过下去、为家人生活得好操过心。他们的身体、生命以及灵魂，早已没入时间的云烟，只留下记有他们名字的这发黄的几十张毛边纸。而这些毛边纸，记录了他们生活中某个喜悦的或失落的时刻，留下他们如阿 Q 那样画的一个圆圈。

昨天的贵阳房地产，肯定不可与今天的同日而语，不过这本册子是这个行业演变过程中的一个小小的却又不可或缺的记录，它正以自身的拙朴和原初，连接着昨天和今天。

林　吟

2021 年 4 月 30 日